W. C. Praetorius

Beschreibung der Königl.- Dänischen Stadt Altona und des benachbarten Dänischen Gebietes

W. C. Praetorius

Beschreibung der Königl.- Dänischen Stadt Altona und des benachbarten Dänischen Gebietes

ISBN/EAN: 9783743369047

Hergestellt in Europa, USA, Kanada, Australien, Japan

Cover: Foto ©ninafisch / pixelio.de

Manufactured and distributed by brebook publishing software (www.brebook.com)

W. C. Praetorius

Beschreibung der Königl.- Dänischen Stadt Altona und des benachbarten Dänischen Gebietes

Beschreibung

der Königl. Dänischen freyen Grenz- und Handlungs-Stadt

Altona,

und

des benachbarten Dänischen Gebietes,

von

W. C. Prätorius

Königl. Dänischen Lieutenant.

Nebst einem Grundriß auf einem Median-Bogen.

Hamburg,
bey F. Bachmann und J. H. Gundermann.
1792.

Einleitung.

Der Herr Sachwalter Schmid hat bereits im Jahr 1747 eine historische Beschreibung der Stadt Altona herausgegeben. Ich habe also nur Vieles, von dem, was der obgedachte Herr Verfasser so gut und vollständig ausgeführt hat, berühren müssen; denn meine Absicht ist nur

1.) Von Altona, als eine der angesehensten Städte Holsteins, welche mit so vielen vorzüglichen Privilegien begnadigt ist, dem Publico einen neuen und zuverläßigern Grundriß zu liefern, und hiedurch zugleich

2.) Nach der 1745 gedruckt herausgekommenen Gränzcharte einem jeden Einwohner zu Altona und Hamburg, in Absicht ihrer beiderseitigen Gränze, nützlich zu seyn. Auch da zu deren Erläuterung, der in erwehnter Charte aufgeführte Gränz-Executionsreceß, wörtlichen Innhalts anzuführen nothwendig war, so glaubte ich ausserdem

b   3.)

3.) Denenjenigen mit einem chronologischen Auszuge der altonaischen Geschichte zu dienen, welche das berührte Original nicht selbst besitzen, endlich aber

4.) Dem Publico überhaupt eine kurze Nachricht von den herrlichen Privilegien und Vorzügen zu liefern, welche die Stadt Altona, seit dem Jahre 1745, der Gnade ihrer glorreichen Monarchen zu verdanken hat, und wovon die tägliche Aufnahme der Handlung, wie auch der Flor der Wissenschaften, die überzeugendsten Beweise an die Hand geben.

Inhalt.

Erster Abschnitt.
Eine allgemeine Nachricht von der ehemaligen Grafschaft Holstein-Schauenburg, worinn Altona belegen, samt eine Beschreibung der dazu gehörigen Stücke. - Seite 1

Zweiter Abschnitt.
Von der Lage der Stadt Altona, ihrem ersten Ursprunge, Benennung und Schicksale, bis es unter die Regierung der Könige von Dännemark gekommen und Stadtgerechtigkeit erhalten. - - - - 8

Dritter Abschnitt.
Von dem Zustande der Stadt Altona bis zur unglücklichen schwedischen Einäscherung. - - 23

Vierter Abschnitt.
Von dem Zustande und Wachsthum dieser Stadt, von der schwedischen Einäscherung an. - - 50

Fünfter Abschnitt.
Beschreibung der Stadt Altona nach ihren Gassen und Gebäuden. - - - - 118

Sechster Abschnitt.
Von der Justiz- und Policeiverfassung. - - 130

Siebenter Abschnitt.

Von den Einkünften der Stadt und deren Verwaltung. - - - Seite 140

Achter Abschnitt.

Von dem Zustande des Kirchen- und Religionswesens. - - - S. 141

Neunter Abschnitt.

Von dem Zustande der Gelehrsamkeit und den dahin gehörigen Anstalten. - - 181

Zehnter Abschnitt.

Von dem Zustande der Handlung, des Commerciums und der Manufacturen. Vermischte Nachrichten. - - - 196

Er-

Erster Abschnitt.

Eine allgemeine Nachricht von der ehemaligen Grafschaft Holstein Schauenburg, worinn Altona belegen, samt einer Beschreibung der dazu gehörigen Stücke.

Da die Stadt Altona in der vormaligen Grafschaft Schauenburg des Herzogthums Hollstein belegen, so wird es meinen Lesern vermuthlich nicht unangenehm seyn, hier vorgängig eine neue Tabelle von den sämtlich regierenden Grafen, so wie sie einander succedirt haben, zu finden; sondern auch demnächst, so wie der Herr Sachwalter Schmid gethan, die Stücke, woraus diese Grafschaft der Zeit bestanden, hier kürzlich zu beschreiben.

Nach des gedachten Herrn Verfassers historischen Beschreibung der Stadt Altona, bestand also diese Grafschaft, so wie es auch Dankwerth berichtet,

1) aus der Herrschaft Pinneberg, 2) aus der Grafschaft Ranzau, und 3) aus der Stadt Altona.

Die Herrschaft Pinneberg wird von einem Landdrosten, nämlich jetzt von Sr. Excellence dem Herrn geheimen Rath und Stiftsamtmann von Scheel vorgestanden, und bestehet aus 6 Voigteien, deren sind:

I. Die Hausvoigtei Pinneberg.
II. Die Waldvoigtei Pinneberg.

welche drei Kirchspiele unter sich begreifen, worinn folgende Oerter liegen, als:

a) Relling, Kirchspiel, worinn 1) Relling, Kirchdorf. 2) Pinneberg. 3) Bruesdorp und Peine. 4) Essing. 5) Kummerfeld. 6) Borstel. 7) Wulfsmühle. 8) Haßloh. 9) Großenkamp. 10) Winseldorp. 11) Garstedt und Oha. 12) Benningstedt. 13) Eigenbüttel. 14) Ellerbeck. 15) Nienhaven. 16) Halsebeck. 17) Thestorp. 18) Eggerstedt. 19) Datum. 20) Appen. 21) Schäperch, und 22) Glinde.

b) Quickborn, Kirchspiel, worinn 1) Quickborn, Kirchdorf. 2) Ellrau. 3) Renzel, und 4) Bilsen.

Dies Bilsen hat ehedem zu dem Guthe Kaden gehöret, und ist von dem damaligen Besitzer, Henning von Alverslohe, Ao. 1385 an dem Prior und der Aebtißinn des Klosters St. Johannis zu Hervestehude laut Kaufbrief [1]) verkauft worden, das folglich jetzt nebst dem meisten Theile des Waldes, ein hamburgisches Dorf, oder vielmehr Klosterdorf ist.

c) Das dritte Kirchspiel ist Eppendorf, wozu gehören, 1) Schnelsen. 2) Niendorp. 3) Lockstedt. 4) Hummelsbüttel und Poppenbüttel, welche Dörfer Königlich, die übrigen aber Hamburgisch sind, als: Eppendorf, Kirchdorf, Kahle, Vorstel, Langhörn, Fuelsbüttel, Hervestehude und Eimsbüttel.

Eimsbüttel nebst Eppendorf haben, wie vermuthlich alle andere Dörfer, zur Grafschaft Holstein gehöret,

[1]) Sachwalter Schmid Geschichte pag. 4. zu finden.

ret, und ist ersteres Ao. 1339 für 300 Mark, letzteres aber Ao. 1343 für 239 Mark, an das Jungfrauen-Kloster zu Hervestehude laut Kaufbrief ²) von Graf Adolph den jüngern verkauft worden.

III. Die Voigtei Ottensen, darinn 1) Ottensen, Kirchdorf. 2) Ottmarschen. 3) Bahrenfeldt. 4) Eilstedt. 5) Stelling. 6) Neumühlen, und 7) Ovelgönne.

Zu dieser Voigtei gehörten annoch einige in der Elbe liegende kleine Inseln, die die Stadt Hamburg zum Theil Pfandweise besitzt, und also hier zu beschreiben überflüßig wären.

IV. Zu dem Amtshofe Hattesburg gehören zwei Kirchspiele:

a) Wedel, Kirchspiel, darinn liegt, 1) Wedel, ein Flecken, dabei der Amtshof Hattesburg. 2) Holling. 3) Schnellow. 4) Spitzerdorf. 5) Nienverdorf.

Der Amtshof Hattesburg hat vor diesem einer Präfectur dieser Grafschaft den Namen gegeben, und ist ehedem eine Festung, auch wohl dieselbe gewesen, welche Carl der Grosse bauen lassen, und wofür Dankwerth Wedel ausgeben wollen.

b) Nienstädter Kirchspiel, dazu gehören: 1) Nienstädten, Kirchdorf. 2) Kleinen Flotbeck. 3) Grossen Flotbeck. 4) Oßdorp. 5) Schenefeldt. 6) Süldorp. 7) Rissen. 8) Tinßdahl. 9) Wittenberge. 10) Blankenese, wo eine Fähre über die Elbe ist, und 11) Dockenhusen.

Dieser letzte Ort, hat dem grossen Hugoni Grotio, als er von Holland nach Hamburg gewichen war, seiner angenehmen Lage wegen, im Sommer 1632 zum Aufenthalt gedienet.

²) Sachwalter Schmid Geschichte pag. 9.

Zwischen Nienstädten und Blankenese hat ein Berg gelegen, welcher der Sullenberg genannt worden, auf welchen der Erzbischof von Bremen Ao. 1061 wider die Wenden und Sclaven ein Schloß erbauen lassen, und die heutigen Einwohner zu Blankenese zeigen auch noch jetzt einen grossen Hügel, auf welchen dies Schloß gestanden haben soll.

V. Die Amtsvoigtei Uetersen, darinne ist:

a) Uetersen, Kirchspiel, wozu gehören: 1) Uetersen, Flecken und Kloster. 2) Neudorper Marsch. 3) Cleverdick. 4) Bauland. 5) Horst. 6) Auf dem Mohre. 7) Norden mit Stegen. 8) Auf der Lith. 9) Rondael.

b) Seester Kirchspiel. 1) Seester Kirche. 2) Das Mohr. 3) Süderdick. 4) Schradendorp.

c) Die Voigtei auf der Horst ist mehrentheils unter dem Kloster Uetersen, wohin folgende Oerter gehören: 1) Horst, Kirchdorf. 2) Rieckenrege, und 3) Bullenmohr, welche beide nach der Kremper Marsch gehören. 4) Schönmohr, gehöret dem Kloster Itzehoe.

Zum Flecken Uetersen aber gehören: 1) Nutzwedel. 2) Acklohnhof. 3) Dammmühle. 4) Schloborg. 5) Hassemohr. 6) Dammwisch. 7) Lüningshof. 8) Heister, und 9) Huvenmohr, 10) Schoovelsjöckel, und 11) Bogendieck.

Das Kloster Uetersen ist jederzeit für einen Landstand des Herzogthums Holstein gehalten worden. Es hat unter der vormalig gemeinschaftlichen Regierung gestanden, ungeachtet es in der Grafschaft Pinneberg gelegen, die mit Holstein niemals verbunden gewesen, und heißt auch noch in allen Königl. allerhöchsten Verordnungen: **Unsere Herrschaft Pinneberg.**

Fer=

Ferner

Hasseldorp, so vorhin ein besonderes Amt gewesen, aber vergangen, und die nunmehrigen adelichen Güther, Hasseldorp, Hasselau, Seester, Alendorp und Colmar; nebst Bishorst, in sich begriffen.

Ihro Königl. Majestät haben aber über die Kirchen dieser Güther das jus episcopale und die gewöhnliche Contribution, so wie von den übrigen adelichen Güthern.

Die Hasseldorper Marsch. Die in derselben belegene Kirche Bishorst, ist schon im zwölften Jahrhundert bekannt gewesen, weil sie dem heiligen Vicelino zum Schutzort gedienet, wenn er in Neumünster für die Slaven nicht sicher gewesen.

Dann hat noch die Grafschaft Ranzau hieher gehört. Diese wird von einem Administratore, und zwar jetzt vom Herrn Kammerherrn von Brand, Rittern ꝛc. vorgestanden; hat ihr besonderes Oberappellations-Gericht, worinnen einige membra der Glückstädtischen Regierung Sitz nehmen, und zu Ranzau gehalten wird. Selbige bestehet:

a) In dem Amte Barmstedt, darinn liegt: 1) Barmstedt, Kirchdorf, und Mühle. 2) Ranzauhof. 3) Lutzhorn. 4) Westerhorn. 5) Osterhorn. 6) Brandt. 7) Monkeloh. 8) Bockel. 9) Buckesesse. 10) Grossen Offenseite. 11) Lütten Offenseite. 12) Sparrishope. 13) Hanreder. 14) Bockholt. 15) Aspern. 16) Offenau. 17) Bullenkuhle. 18) Cohling. 19) Seeth. 20) Beuer. 21) Ebberhoop. 22) Dammwisch. 23) Tyensten. 24) Hemdingen. 25) Langeln. 26) Heede.

b) Elmshorn, Kirchspiel: 1) Elmshorn, ein recht hübscher Flecken. 2) Colberwiede. 3) Flammenweg.

weg. 4) Hasenkrug und Busch. 5) Coldenhof. 6) Hosell. 7) Beesenbeck. 8) Die Rahe. 9) Mohrhusen. 10) Sandberg. 11) Die Kroeck. 12) Flammerwegt.

c) Die Herrschaft Herzhorn. Diese ist aber von der Grafschaft Ranzau jederzeit separirt gewesen, und nur von der allerhöchsten Landesherrschaft dem Administratori der Grafschaft Ranzau mit untergeben worden. Die Verwaltung wird durch zween Voigte versehen, als:

I. Die Herzhörner Voigtei enthält: 1) Herzhorn, Kirchdorf. 2) Herzhornhof mit den umliegenden Höfen. 3) Das Herrenfeld und Aussenteichsländereien. 4) Die Schloin. 5) Altefeld und die Spleth. 6) Strön- und Hönerdicks-Häuser ausserhalb einem Theile der Wildnißkoeg bis an Rhynstrom, der durch Glückstadt in die Elbe läuft.

II. Die Sommerlands-Voigtei lieget im Süderauer Kirchspiel, und bestehet fürnemlich aus drei Theilen, dem Sommerlande, Grönlandt, nebst Cammerland und Druckermühle.

Daß endlich auch die Stadt Hamburg mit ihrem ganzen Gebiete vormals unter der Herrschaft der Grafen von Schauenburg zu Pinneberg gestanden, daran wird wohl kein einziger meiner Leser zweifeln. Es würde also überflüßig seyn, genugsam bekannte Beweise hier anzuführen, um so mehr, da dieselbe vermöge des Gottorfer Tractats jetzt eine Kaiserliche freie Reichsstadt ist, auch Sitz und Stimme auf dem Reichstag zu Regensburg hat.

Es wird übrigens diese benannte Grafschaft Pinneberg für ein Reichsallodium gehalten. Der Kaiser Ferdinand II. hat solches auch Ao. 1619 allodial ſtat und erblich declarirt, und kann dahero ſowohl die weibliche als männliche Linie darinn ſuccediren.

König Chriſtian der Vierte erhielte, nachdem Graf Otto VI. Ao. 1640 geſtorben, und mit ihm der männliche Stamm des Schauenburgiſchen Hauſes erloſchen, dieſe Graffſchaft Pinneberg titulo oneroſo, da Sie die viele darauf haftende Schulden bezahlet. Allerhöchſt gedachte Königl. Majeſtät lieſſen auch bei Dedüctrung Ihres Rechtes beweiſen, daß dieſe 3 Aemter, ſie mögten nun feudal oder allodial ſeyn, dennoch Allerhöchſtdenenſelben die Erbfolge davon zuſtünde. Im erſtern Fall, ſo wären dieſe Stücke mit ihren Pertinentien in dem Territorio der Grafſchaften Holſtein, Stormarn und Ditmarſchen belegen, dieſe aber Ao. 1474 vom Kaiſer Friederich III. caſſiret, aus der Reichsmatricul gethan, mit einander vereiniget, und ſämtlich zu Fürſtenthümern erhoben worden. Die Grafen zu Schauenburg, als Beſitzer der Grafſchaft, hätten keine Reichsimmedietät gehabt, und ſchon vorhero nicht die Lehn vom Kaiſer und dem heil. R. R. empfangen, ſondern die Herzoge zu Holſtein als Dominos territorii und ſuperiores erkannt, die aperturam territorialem und andere obſequia und ſervitia denſelben geleiſtet, von dieſen dagegen aber alle Landesfürſtliche Protection genoſſen. Es hätte das Her nach Abſterben der Grafen das Land nothwendig an die toto Holſatiæ et Stormariæ corpore belehnte Reichsfürſten zurück fallen müſſen. So wie im andern Fall, die Mutter des letzten Grafen, weiland Graf Otten, Frau Eliſabeth, Gräfin zu Schauenburg, als einzige Allodialerbin des gedachten Grafen, obige 3 Stücke und alle ihre daran gehabte Jura, Rechte und Gerechtigkeiten per transactionem Allerhöchſtdenenſelben, und des Herrn Herzogs Friederich zu Holstein Durchl. übertragen, und mithin deren Possession mit der ihrigen consolidiret hätten. ³)

Immittelst hat doch der König diese Grafschaft unter der Allodialqualität bisher besessen, und keine Lehn darüber genommen. Sowohl die Stadt Altona, als das Pinneberg- und Ranzauische, haben noch ihre besondere von den übrigen holsteinischen Rechten, abgehende Rechte und Verfassungen. Sie werden dabey beständig gehandhabet, und es hat an diesen 3 Städten, Altona, Pinneberg und Ranzau, nachdem die Fürstl. Linie ihr Antheil dem Könige übertragen, und nach Abgang der Grafen von Ranzau alles wieder an den König gefallen; niemand, als die Königliche souveraine Erblinie, einige Ansprache.

Zweyter Abschnitt.

Von der Lage der Stadt Altona, ihrem ersten Ursprunge, Benennung und Schicksale, bis es unter die Regierung der Könige von Dännemark gekommen und Stadtgerechtigkeit erhalten.

Die zur vorbeschriebenen Grafschaft gehörige, nunmehr aber für sich separirte Stadt Altona, liegt meiner Meinung nach unter dem 53. Grade 34 Min. 25 Sec. Latit. und 43 Gr. 20 Min. 48 Sec. Longit., ist an einem hohen Ufer der schiffreichen Elbe erbauet, und macht dahero, besonders an der Elbseite, einen überaus angenehmen Prospect. Die breite Elbe fliesset längst der Stadt, ja es sind gar theils Häuser und Packräume in dieselbe hinaus gebauet worden. Die Stadt Hamburg, oder vielmehr das sogenannte Millern Thor liegt nur ohngefehr 120 Ruthen vom Altonaer

---

³) Königs Christian IV. Schreiben an das Churfürstl. Collegium.

tonaer Thor entfernt, und Harburg etwa eine Mettweges schräge gegen über jenseits der Elbe, so daß diese 3 Städte einen Triangel ausmachen. Die ganze Gegend, vor allen längst dem Ufer der Elbe, ist so schön, daß man die viel abwechselnd reizende Tableaus nicht ohne die fühlbaste Empfindungen sehen kann.

Nach Muthmaffungen soll Altona, entweder von der alten Aue, oder weil es Hamburg zu nahe gelegen, seine Benennung erhalten haben, da aber keine Nachrichten, noch weniger Spuren, von einer alten Aue vorhanden sind, so wäre wohl letztere die wahrscheinlichste, diß nämlich des Orts Benennung daher, weil er Hamburg so nahe gelegen, entstanden sei. Und obschon Hamburg selbst der Zeit nicht weiter, als die sogenannte Altstadt ging, so lag doch seine Hölzung, das Eichholz genannt, wo seitdem die Neustadt Hamburg Ao. 1621 angebauet worden, zwischen beyden Oertern. Das gedachte Eichholz gehörte den Ottensern zur eigenthümlichen Viehweide. Diese Weide aber soll ihnen laut einem Manuscripte von Thraziger Ao. 1428, folglich von Graf Otto dem III. bey einem gehabten Rausche, geschenket worden seyn.

So neu nun auch die Stadt ist, so wenige Nachrichten hat man doch von dem ersten Anbau dieses Orts; denn die älteste ist von Ao. 1547. Die Stadt hat also jetzt in allen ein Alter von 233 Jahren, und nichts hat sie mehr verfolgt als das Feuer. Im Jahr 1547 ist Altona abgebrannt, und der Rath zu Hamburg hat den Donnerstag nach Vocem Jucunditatis an den damaligen Drosten zu Pinneberg, Hans Barner, geschrieben und ihn gebeten, daß den Abgebrannten, weil sie den Handwerkern in Hamburg so viele Ungelegenheiten machten, wieder zu bauen nicht verstattet werden, sondern daß man ihnen anderswo Bauestellen anweisen möchte, welches Gesuch aber von dem

A 5   Dro-

Drosten abgeschlagen wurde. Die Abgebrannten muſ=
ſten inzwiſchen ihre Häuſer ſehr bald wieder erbauet
und gar vermehret haben, weil ſchon im Jahr 1548
ein harter Receß vom Rathe und Bürgerſchaft zu
Hamburg errichtet worden, daß niemand etwas in
Altona verfertigen laſſen ſolle.

Es iſt wohl zu glauben, daß Altona um das Jahr
1500 zuerſt in etwas angebauet worden. Dieſe Ver=
muthung gründet ſich auf die von Arnold Schepelern,
erſtem Prediger in Altona, bei Legung des Grund=
ſteins zur neuen Kirche Aº. 1649 gehaltenen Predigt,
worinn er umſtändlich äuſſert, daß Altona nunmehro
181 Jahre der Kirche zu Ottenſen einverleibt geweſen.
Der Anfang von Altona iſt, wie bei allen groſſen
Städten, gering genug, und die erſten Häuſer ſind
wohl nur einige Fiſcherhütten geweſen. Es war ein
Dorf, und der Umfang ihrer Häuſer, welches alſo Al=
tona hieß, gehörte nach Ottenſen, in welcher Kirche ſie
eingepfarret waren, deſſen Voigt ſie als ihre Obrigkeit
erkennen muſten, und der der Gerichtsbarkeit hieſelbſt
vorſtand. In den Privilegien, welche Ihro Königl.
Maj. Chriſtianus IV. glorwürdigſten Andenkens in
Aº. 1641 der hieſigen Judenſchaft reſp. beſtätiget und
ertheilet, findet man auch Spuren von deſſen Gerichts=
barkeit, wiewohl ſolche ohnehin nicht zu widerſpre=
chen, wenn im 5ten §. ſtehet: Des jüdiſchen Wuchers
halber ſoll ihnen ein Pfenning die Woche von jeder
Mark zugelaſſen ſeyn, wohingegen die verſetzte Pfän=
der Jahr und Tag den Verſetzern zum Beſten zu be=
halten ſchuldig, nach verfloſſener Jahrszeit aber, da=
fern die Zinſen nicht abgetragen, oder ſonſten mit
ihnen nicht accordiret wird, haben ſie beim Voigt zu
Ottenſen, den Tag und Datum, wenns ihnen zum
Pfande gebracht, anzugeben, und den Verpfändenern,
wo ſie in der Nähe, die Redemtion anzumelden ꝛc.
und

und weiter im 8ten §pho: Geringe und schlechte Sachen mögen sie unter sich in ihrer Synagoge schlichten und vortragen, ohne Zuthun des Voigts, welches zum voraus setzet, daß der Voigt sonst die Gerichtsbarkeit über sie gehabt, und dies ist gleichfalls aus dem Stadtprivilegio von Ao. 1664 ersichtlich.

Die vortheilhafte Lage dieses Orts hat Altona bald bewohnt gemacht, dieser Anwachs erhellet auch daher, daß bereits im Jahre 1580 einige hiesige Einwohner eine eigene Armenordnung und Casse für die Armen in Altona errichtet, auch alle Sonntage eine Büchse umher gehen lassen, welches nebst andern Geldern von einem unter ihnen verwaltet, und sind selbige die Büchsenherren genannt. Da nun durch Sie der Grund zu den gegenwärtigen Armenanstalten geleget worden; so müssen wir auch nicht vergessen, diese zu verehrende Stifter einer so löblichen Einrichtung hier in dankbarem Andenken zu erhalten; sie hiessen Jürgen van Lohe, Jann de Wael, Hans van Gulich, Schneider, Jürgen Lambrechts, Schuster, Clas Adriansen, Leimsieder, Hinrich van Summen, Schneider, Harmen Brodtfeldt, Goldschmid, Berend de Becker, Jann van dem Broocke, und Leddergraver. Bereits im Jahr 1614 haben zwey Büchsen, als eine im Norder: die andere aber im Südertheil gehen müssen, und heißt es deshalb: Ao. 1614 auf Ostern iß van der Gemeene vor gut angesehn, weil unsere Vorfahren diese gute Ordnung der Büssen gestifftet und dieselbige mogte vortgeplantet werden, dat man scholde, indem Altonah groet und täglich thonehmen dede, 2 Büssen ordnen, und scholde de eene sammlen by Nordenalthena, und de andere by Südenalthena, auf daß den Armen nich tho kort geschege.

Dieser Beweiß und der schnelle Zuwachs des Orts ist aus einem Buche des Armenwesens genommen.

Be:

Besonders haben sich viele Handwerker hieselbst nie:
dergelassen, die den Hamburgern dann auch allerdings
Abbruch der Nahrung zugefüget. Es ist natürlich,
daß dies den Hamburgern unangenehm gewesen, und
die Verfügungen, die sie dagegen zu machen gesucht,
will ich hier, doch nur im Auszuge, mittheilen.

Extractus Recessus zwischen E. E. Rath zu Hamburg und löbl. Bürgerschaft daselbst de Ao. 1548. Art. 37.

Daß einem jeden Hamburger Bürger, Einwohner,
Gast und Gesinde verbothen wird, in Altona, Ottensen ꝛc. etwas verfertigen zu lassen, bey Verlust desjenigen, was daselbst gemacht worden ꝛc.

Extract Hamburgischer Buer-Spraacke auf Thomae Apostoli de Ao. 1594. §. 13.

Daß kein Bürger, Einwohner, Gäste, Gesinde,
Manns- oder Frauenzimmer heimlich oder öffentlich,
Zeug oder sonstige Sachen nach Altona ꝛc. oder sonst
irgendswo zum Verfertigen bringe, oder bringen lassen dürfe; imgleichen, daß die ausserhalb wohnende
Handwerker solche Sachen, so wenig zum Verfertigen
aus Hamburg holen, noch sonst (ausserm Markte)
hinein bringen mögen, bey 10 Rthlr. Strafe und Ver-
bürgung der Sachen, die in oder ausser der Stadt gebracht worden ꝛc.

Extract Hamb. Buhrspraacke auf Petri, welches alle Jahr öfentlich abgelesen wird, Art. 18.

Verbietet E. E. Rath ernstlich, daß die auswärtigen
Handwerker sich ferner ganz enthalten sollen, der dortigen Bürger Sachen zum Verfertigen aus der Stadt
zu holen, und daß kein Hamb. Bürger noch Einwohner ihnen Sachen zu verarbeiten geben, noch selbst
oder durch sein Gesinde bringen zu lassen, bey Verlust
der

der Sachen und 10 Rthlr. Strafe, die solches in oder aus der Stadt getragen ꝛc.

Extract. Receſſ. de Ao. 1603 zwischen E. E. Rath und Bürgerschaft zu Hamburg ꝛc. Art. 37. Extract.

Wir befehlen, daß woferne auf nochmals oftwiederholte Vermahnung die Einwohner und Unterthanen in oder auſſerhalb der Stadt ſich des Kirchengehens zu Altona nicht enthalten, ſo dann nach vorhergehender Aufkündigung der Dienſtbothen, ſelbige weder in noch auſſerhalb der Stadt geduldet noch gelitten werden ſollen ꝛc.

Auſſer dieſem fingen die Hamburger im Jahr 1591 gar an, an den Gebäuden, bey dem ſogenannten Bach, unter dem Vorwande, daß es der Gränze zu nahe gebauet ſei, etwas niederreiſſen zu laſſen. Ein ſolches Unternehmen muſte die Gemüther des Hochgräflich Schauenburgiſchen Hofes, wie leicht zu denken, erbittern, und doch wählten der regierende Graf Adolph XIII. den gelindeſten Weg, indem Sie Ihrem Droſten und Amtmann zu Pinneberg, Herrn Simon Werpup und Clamer Heinen von Bückeburg aus, unterm 19. April 1591 beorderten, mit Hamburg in gütliche Unterhandlung zu treten, und die Conference fing auch den 6 May 1591 im Kirchenſaal zu St. Nicolai an. Im Antrage zeigten die Gräfliche Commiſſairs laut Inſtruction, wie unzuläſig und unverantwortlich die Hamburger gehandelt, da ſie auf Gräflichen Grund und Boden etwas nieder zu reiſſen ſich unterfangen; ferner erwehnten ſie nicht ohne Grund die Gnade und Wohlthaten, welche der Stadt Hamburg durch die Hochgräfliche Voreltern ſo oft erwieſen, und wie wenig ſolche jetzt geachtet worden; dann erinnerten ſie, daß der Ort, wo die Hamburger niederreiſſen laſſen,

ja

ja noch viel weiter, zur Gräflichen Jurisdiction gehöre, und daß endlich Ihr gnädiger Herr die Abbrechung der vielen vor der Stadt Hamburg erbaueten, so wohl privat als publiquen Gebäuden mit gegründeterm Fuge verlangen könnte, weilen den Gräflichen Unterthanen die Huth, Trift und Weide bis vorm Thor von undenklichen Zeiten her zukäme. 4)

Obwohl nun diese Streitigkeiten den 12ten Octobr. 1593 beigelegt wurden, so war die Freundschaft doch von keiner langen Dauer, indem unter der Regierung des Grafen Ernesti Ao. 1607 wegen der Gränze bei Eimsbüttel und der Fischerei beim Grevenhof neue Zwistigkeiten entstanden; aber ungeachtet hierüber heftig gegen einander geschrieben ist, so wurden dennoch in eben dem Jahre 1607 diese Streitigkeiten abgethan, und ein neuer Gränzvergleich errichtet. Da indessen dieser Vergleich in dem letzten Gränz-Receß von Ao. 1740 enthalten, und derselbe Auszugsweise folgen wird, so würde es überflüßig seyn, jenen hier anzuführen. 5)

So weit waren die Gränz-Irrungen beigelegt, als die Anbauung vieler Plätze in und vor Altona den Hamburgern misfiele. Diese denuncirten daher in Ao. 1610 bei dem Kaiserl. Kammergericht novum opus, und stelleten den processum mandati demoli-

---

4) Hier wäre zu bemerken, daß Hamburgs äusserstes Thor nach der Altonaer Seite, damals das Schar- und Millern Thor gewesen. Denn die Neustadt ist erst 1621 angelegt worden, ungeachtet sie 1607 angefangen den Pesthof zu bauen. Bis am alten Millern Thor aber soll die eigenthümliche Weide der Ottenser gegangen seyn.

5) Ist in des Herrn Sachwalters Schmid Geschichte pag. 33 bis 38. zu lesen.

litorii an. Sie gründeten sich auf einem Privilegio Kaisers Friderici, so von den Grafen zu Holstein-Schauenburg, (vermuthlich Adolph IX, der 1370 gestorben,) bestätiget worden, wodurch sie das jus compascui in der Grafschaft Holstein erlanget hätten. Man wuste von Gräflicher Seiten dieses wohl zu beantworten, indem sie erwiesen, daß die Hamburger niemals ein solches Recht gehabt, noch exerciret. Die Hamburger hätten mit ihrem wenigen Viehe bis auf den Graßbroock und höchstens bis an das Eichholz treiben dürfen. Vor 50 Jahren hätten die Jungfern zu St. Johannes bei Herbestehude eine ziemlich starke Schäferei angelegt, mit den Schaafen aber sich auf Hamburgischen Boden halten müssen, und nicht ins Gräfliche kommen dürfen, und eben so hätte es mit der Schäferei, so das Gotteshaus zum heiligen Geist vor 20 Jahren angelegt, gehalten werden müssen; dahingegen die Gräflichen das Recht der Mitweide auf Hamburgischem Grunde ohne Widerspruch ausgeübet, und nie darinne gestöret worden ꝛc.

Es ließ auch Graf Ernst, durch diese Gründe unterstützt, bey dem Kaiserlichen Kammergerichte sub dato 8ten Junii 1610 ein Poenalmandat an Hamburg auskringen, daß dieses alle Gebäude, so es vor der Stadt, wo jetzo die Neustadt angelegt, aufbauen lassen, wieder abtragen solle, massen dem Grafen das jus compascui zustünde, wie solches der Kaiserl. Befehl [6] selbst mit mehrerm erwehnet.

Der Streit wegen der Fischer bestund darinn, daß einige Altonaer Fischer einige Lakens von einem gestrandeten Schiffe aus der Elbe gefischet, und auf Gräflichen Grund und Boden gebracht, wogegen die Hamburger verlangten, daß solches auf ihren Grund und Boden gebracht werden müsse.

) Sachwalter Schmid Geschichte pag. 38 bis 41.

Es wird von diesem vermeintlichen Rechte der Hamburger auf der Elbe hier zuerst gedacht, und beruhet fürnemlich auf dem jure restringendi, so die Hamburger auf dem Elbstrome ausübten, und darinn bestand, daß sie sich anmasseten, allen unter Hamburg liegenden Städten und Oertern die freie Fahrt zu verwehren, und sie zu zwingen, alles Getraide nach Hamburg zum Verkauf zu bringen. Welches vermeinte Recht sie besonders bis zu dem 1640sten Jahre fürnemlich gegen die Königl. Unterthanen, in der Kremper= Wilster= und Ditmarschen sehr strenge ausübten, und sich dieserwegen auf Kaiserl. Privilegia und Monopolia beriefen. Der Herr Baron Holberg [7]) hat diese Geschichte weitläuftig ausgeführt.

Die Rechte aber, so den Königen von Dännemark am Elbstrome zustehen sollen, haben Ihro Königl. Majestät Christian IV. glorwürdigsten Andenkens, schon in einer besondern Deductionsschrift [8]) umständlich zeigen lassen.

Von Hamburgscher Seite ist dieses nicht unbeantwortet geblieben, sondern dagegen die sogenannte abgenöthigte in jure et facto wolgegründete Apologia Hamburgensis, und wieder diese von Königlicher Seite, gründliche, aus den Rechten und historischer wahrhaften Bewandnis genommene, auch mit Documenten und der Hamburger selbst eigenen verschiedenen Confeßionen, Bekänntnissen und Huldigungsgelüb=

[7]) Holbergs dänische Reichshistorie, 2ter Theil pag. 782. &c.

[8]) Manifest Königl. Majestät zu Dännemark-Norwegen, abgegeben an Ihro Röm. Kayserl. Majestät, betreffend die Prätensiones Ihro Königl. Majest. und Dero in Gott ruhenden Uranherren, welche Sie von etlichen hundert Jahren am Elbstrom gehabt, &c.

lübben comprobirte und bestätigte Remonstration ꝛc. zum Vorschein gekommen. Die Sache selbst auch so, wie es pag. 782 in der Holbergschen Geschichte beschrieben, geendiget worden. Nach dieser Zeit haben die Hamburger auf dieses jus restringendi nicht mehr so stark gehalten, obgleich sie die Meinung von einiger Herrschaft über den Elbstrom noch nicht gänzlich fahren lassen. Noch in dem 1743 Jahre wollte man Hamburgscher Seits den Altonaischen Kornmessern das Messen auf der Elbe wehren, unter dem Vorwande, daß auf der Elbe gegen Hamburg und dem Hamburger Berg niemand, als nur Hamburger Kornmesser solches Recht ausüben sollten, weil die auf dem Lande zwischen Hamburg und Altona gemachte Gränzen, ihren District auf der Elbe deutlich auswiesen. Dieses ist aber von Altonaischer Seite widersprochen worden, und haben Se. Königl. Majestät Christian VI. glorwürdigsten Andenkens, vermöge Ihres kundbaren Rechts am Elbstrome, solche prätendirte Befugniß den Hamburgern nicht zustehen wollen.

Man hat sich inzwischen bemühet, alle solche, zwischen Graf Ernst und den Hamburgern, entstandene Streitigkeiten in der Güte beizulegen. Die Gräflich Schauenburgischen Räthe hatten mit dem Hamburgischen Rathsdeputirten 1611 den 7 May in Ottensen eine Conference, und endlich ward den 1ten Junii des gedachten Jahres zu Pinneberg ein Vergleich getroffen, der Streit wegen der Altonaischen Fischer, jedoch bis zu einer weitern Handlung, ausgesetzet, und die Sache wegen des processus nunciationis novi operis zur weitern rechtlichen Ausführung verwiesen, mithin nur lauter Nebensachen abgemacht.

Diese und andere Hindernisse konnten inzwischen den allmähligen Wachsthum des neuen Altonas nicht hem-

hemmen; denn so wie die vorher regierende Grafen bemüht waren, den Ort mit mehrern Einwohnern und allerhand Handwerkern anzufüllen, eben so sehr und noch mehr nahm sich der Graf Ernst derselben an, aus welchem Grunde er dem Orte Ao. 1604 das Prädicat eines Fleckens beilegte; privilegirte die Handwerker, und bestrebte sich übrigens, solche immer mehr aufzuhelfen. Zu welchem Ende er zu Anfang seiner Regierung im siebzehenden Jahrhundert fremde Religionsverwandte hieselbst aufgenommen, die Toleranz der Religionen verstattet, auch den Endzweck der Aufnahme noch mehr zu erreichen, hieselbst eine eigene Münze anlegen, und unter andern von seinem Münzmeister einen Stempel zu Thalern verfertigen, auch hierauf Ao. 1620 nach Vorschrift der Ao. 1617 zu Braunschweig gehaltenen Niedersächsischen Kreisversammlung, eine eigene Münzordnung in seinem Lande kund machen lassen.

In Polliceisachen kam von hochgedachtem Grafen Ernsten eine Policeiordnung Ao. 1615 zum Vorschein, worinne sehr nützliche Ordnungen enthalten. Wie dann dieser Herr sich überhaupt sehr bemühet, die Policei auch in allen Kleinigkeiten auf einen guten Fus zu setzen.

In gerichtlichen Sachen kam 1640 unter Graf Otto VI. die Hofgerichtsordnung, wornach die Processe geführt werden sollten, heraus. Ob in dem 30jährigen Kriege, da die Kaiserl. Truppen unter Commando des Generals Tilly nach Jütland gewesen, die Altonaischen Einwohner auch gelitten, davon ist nichts verzeichnet. Indessen ist es wohl zu vermuthen, indem das so nahe gelegene Schloß Pinneberg von ihnen belagert, und bei welcher Gelegenheit gedachter General gefährlich bleßirt worden ist.

In diesem nur noch kleinen Zustande blieb Altona bis ins Jahr 1640, da der Graf Otto VI, als der letzte des Gräflich Schauenburgischen Stammes männlicher Linie starb. Wodurch dieser Ort unter andern dem Königl. Hause Dännemark unter der Regierung König Christiani des Vierten glorwürdigsten Gedächtnisses, mit zufiele. Es ist dieses wohl das glücklichste Jahr gewesen, so Altona jemals gehabt hat. Altona hatte damals bereits mehr als ein Jahrhundert zurück gelegt, und war etwas geworden, hatte aber noch keine Kirche. Seitdem es nun unter dem glorreichen und milden Scepter der Könige von Dännemark gewesen, sind 140 Jahre verflossen, in denen ausser andern öffentlichen Gebäuden, zwei neue Lutherische Kirchen erbauet, und zu zweenmalen einige tausend Häuser aus einem Stein- und Aschenhaufen erbauet worden.

Altona hatte zugleich das Glück, daß in Dännemark ein König regierte, bei dem in allen Sachen ein guter Geschmack herrschte, der im Kriege keine Gemächlichkeit, im Frieden aber eine anständige Königl. Pracht liebte, der um die Gelehrsamkeit und Künste sich unsterblich gemacht, und der durch prächtige Gebäude, nicht nur die Verherrlichung seines Gedächtnisses, sondern auch einen unbeschreiblichen Nutzen zum Endzweck hatte.

Dieser König sahe wohl vorher, daß Altona wegen seiner Lage vorzüglich geschickt wäre, eine der besten Städte in seinen holsteinischen Landen zu werden. Höchstderoselben erste Sorge ging also dahin, den Ort volkreicher zu machen. Sie bestätigten daher den sich daselbst niedergelassenen Reformirten, Menonisten und der Judenschaft ihre von den Grafen zu Schauenburg erhaltenen Privilegia, vermehrte und regulirte selbige guten Theils, um dadurch mehrere dergleichen Einwohner herein zu ziehen, und es ist gewiß, daß dieser grosse König den Grund zu mehrerm Wachsthum und Vollkommenheit gelegt haben würde, wann ihm Gott das Leben länger gefristet hätte. Allein der Tod riß ihn Ao. 1648 aus der Zeitlichkeit, und der unvergleichliche König, Friederich der Dritte, war bestimmt, Altona empor zu helfen. Die Herrschaft Pinneberg nebst Altona, war Höchstdenenselben, als Königlichen Prinzen und der Zeit Erzbischof zu Bremen und Vehrden, vom Könige Christiano IV. Ao. 1647 bereits erb- und eigenthümlich geschenket worden, dahero Sie auch verschiedene Privilegia, als unter andern die den hochdeutschen und portugiesischen Juden-Gemeinden schon in gedachtem Jahr ertheilten, auch nachhero bei angetretener Regierung abermals allergnädigst confirmirten.

Der erste Beweis dieser Königlichen Huld für Altona, wurde mit Erbauung einer Kirche gemacht. Der Grundstein ward Ao. 1649 gelegt, und sodann die Gränze zwischen Altona und Ottensen in Ansehung der Eingepfarrten zu jeder Kirche regulirt, den Reformirten, Menonisten und Juden wurden ihre vom Könige Christiano IV. erhaltene Privilegia bestätiget, und in eben dem Jahre unterm 8 Octobr. den Beckern zu Altona ein Privilegium, auch ein geschlossenes Amt allergnädigst ertheilt. Im Jahr 1658 wurde den Catholiken die Uebung ihrer Religion bewilliget, welche Concession der damalige französische Minister, Terlon, denselben bewirkte. Mit diesen vorläufigen Anstalten muste Altona vors erste zufrieden seyn, weil der löbliche König den gefährlichen Krieg mit Schweden hatte, die schwere Belagerung von Kopenhagen ausstunde, und das so kostbare Recht der souverainen Erbfolge im Jahr 1660 zu Stande brachte.

Bey

Bei dieser Gelegenheit liessen die Hamburger im Jahr 1659 den vor Altona gelegenen Teich, der nach dem letzten Vergleich von Ao. 1607 die unstreitige Gränze zwischen Altona und Hamburg seyn sollte, reinigen, dabei das Altonaer Gränzufer abgraben und die Erde auf ihre Seite bringen. Der Königl. Feldmarschall von Eberstein, damaliger Drost zu Pinneberg, und Gregorius Croeger, Amtmann daselbst, liessen hiergegen sogleich protestiren, und nachdem das geschehene nicht wieder in vorigem Stande gesetzet, wurde hierüber Bericht nach Hofe abgestattet. Darauf ihnen unterm 14 Febr. 1660 der Königl. Befehl ertheilet ward, den Hamburgern dieserwegen per Rescriptum die ernsthafteste Vorstellungen zu ertheilen. Der Magistrat in Hamburg entschuldigte sich hierauf bey Sr. Königl. Majestät in einem Schreiben vom 12 April 1660 mit der Anzeige, wie sie bei Ausräumung des Teiches quaest. auf ihrem Grunde und Boden geblieben, und bei Sr. Königl. Majestät unschuldig angegeben wären, als ob sie während diesen Kriegesläuften einige Thätlichkeiten wider Allerhöchstdieselben verübt hätten, mit nochmaliger Bitte, Commissarios zur Besichtigung der Stelle anzuordnen.

In Kirchensachen ward eine ganz neue Einrichtung gemacht, und im Jahr 1662 den 9 März eine vortrefliche Kirchen-Constitution zur Publication gebracht.

Wie nun Altona ziemlich volkreich geworden, der König die wichtigsten Souverainitätssachen reguliret, und seinem Reiche Ruhe geschaffet hatte, ward Altona den 23sten August 1664 mit dem Stadtrechte *) begnadigt, und ihr die herrlichsten Privilegia ertheilet.

Ausserdem kam ein allerhöchster Befehl an den Drosten zu Pinneberg, daß der Stadt Altona ein ge- wis-

---

*) Sachwalter Schmid Geschichte pag. 50. ic.

wisser nothwendiger Bezirk an den Ottenser Feldern zum eigenthümlichen Stadtgebiet angewiesen werden solle. Jedoch könnten die Ottenser ihre Felder so lange gebrauchen, bis sie von den Altonaischen Bürgern gegen billige Preise erhandelt würden. Zur allergehorsamsten Befolgung wurden dann auch die Gränzen der Stadt unfern Ottensen, über den Weg vor Ottensen aufs Feld, von da nach dem Diebesteich, Eimsbüttel vorbei, und so über den Rosengarten nach Altona zu, durch Pfähle bemerket. Endlich wurden auch auf Königl. allerhöchsten Befehl durch den Drosten zu Pinneberg, dem Herrn Generalfeldmarschall von Eberstein und Herrn Gregorium Croeger, Amtmann daselbst, den 3. Octobr. 1664, der versammleten Bürgerschaft ein Präsident, Bürgermeister und Rath solenniter vorgestellt und bestätiget.

Der König hatte seinen gewesenen Lehrmeister, Herrn Rudolph Roland, zum ersten Präsidenten ernannt.

Die beiden Herren Bürgermeistere waren, Anthon Goldbach, so vorhin Königl. Voigt in Ottensen gewesen, und Hans Eisler.

Die ersten Rathsverwandten aber, Hinrich Wortmann, Jürgen Wipper, Hinrich Vahlenkamp, Johann Schumacher, Bartold Boeckmann, und Johann Löwe, der zugleich Secretair war.

Das der Stadt gegebene Wappen bestehet in 3 Thürmen, wie solches in der dieser Charte beigefügten Kartusche abgezeichnet ist. In eben diesem Jahre ward auch ein Stadt-Rentebuch, so wie alles, was zu Gerichts- als Polleisachen erforderlich, eingerichtet. Der alte Doctor Sperling, vertrauter Correspondent des berüchtigten Uhlfeldts, erkühnte sich in diesem Jahr, von Hamburg nach Altona heraus zu kommen,

wur-

wurde also arretirt und gefänglich nach Glückstadt gebracht.

In dem hiesigen Rathhausarchiv finden sich am noch alte Papiere, die in gerichtlichen Sachen gebraucht worden, und statt des Königl. gestempelten Papiers, mit dem Stadtwappen gestempelt, und von einem Bürgermeister unterschrieben sind.

Dritter Abschnitt.
Von dem Zustande der Stadt Altona bis zur unglücklichen schwedischen Einäscherung.

So groß die Gnade des glorreichen dritten Friedrichs war, da derselbe Altona die Privilegien einer Stadt ertheilte: so dauerhaft war auch dieselbe unter der Regierung der folgenden Regenten. Und man würde den Verdacht einer Undankbarkeit nicht vermeiden können, wenn man nicht das freimüthige Bekenntniß ablegen wollte, daß ein jeder Nachfolger dieses Monarchen es sich vorzüglich angelegen seyn lassen, den Wachsthum und den Flor dieser Stadt zu befördern.

Die Stadt hatte Ao. 1664 die herrlichsten Freiheiten erhalten; und unterm 17. Septembr. desselben Jahres ward noch allergnädigst verordnet, daß die aus den Provinzen Jütland und Fühnen auf die Elbe kommende Schiffe, ihre Waaren, die sie zu Glückstadt nicht füglich los werden könnten, zu billigen Preisen gegen baare Bezahlung oder andere benöthigte Waaren, nach Altona bringen sollten.

Dann wurde auch unterm 3ten Jan. 1665 den Altonaischen Bürgern allerhuldreichst verstattet, die in der Voigtei Ottensee zu allerhand Mühlwerken und Manufacturen bequem liegende Teiche und Plätze, wor-

worunter besonders der so genannte Diebesteich verstanden war, gegen ein billiges erhandeln zu mögen, und daß sie die dazu bequemen Bäche, Wasser und Quellen, doch ohne anderer Schaden, herbei zu leiten und zu gebrauchen, berechtiget seyn sollten; auch daß die sich daselbst niederlassende Manufacturisten mit nicht mehrern Ausgaben, als die vorherigen Besitzer dieser Stücke, im Königl. Register an Recognition gegeben, erschweret werden, und unter die Gerichtsbarkeit des Altonaischen Präsidenten gesetzt seyn sollten.

Der Präsident Roland aber erhielte unter eben dem Dato das Privilegium, eine Drath-, Kupfer- und Walkmühle zu erbauen, und ausserdem noch ein Haus bei der Palemaille bauen zu mögen, bei welchem die Accisefreiheit von allen im Hause zu verschenkenden Getränke, seyn sollte. Welche Freiheit diese sogenannte Rolandsburg unter gewissen Einschränkungen noch geniesset. Wogegen aber derselbe die der Zeit ruinirte Palemaille zu verbessern versprochen hatte.

In eben diesem Jahre 1665 erging unterm 29sten Aug. eine neue Verordnung [10]) zu besserer Regulirung der Administration der Justice.

Im Jahr 1667 entstunden mit den Hamburgern wegen der sogenannten Bornhölzer, durch welche diese aus Altona Wasser bekamen, und solches ohne einige Recognition ganz frei verlangten, abermals kleine Zwistigkeiten. Die Sache beruhte darinne: Einige Hamburger im Cremon, Grimm und Catharinenstrasse wohnend, hatten im Jahr 1628 und nachher 1646, von den Ottenser Einwohnern ohngefehr 2 Himbten Aussaat Landes gekauft, solches mit Bäumen bepflanzen

---

[10]) Siehe Königl. Constitution für die Stadt Altona de Ao. 1665 in der neuen Ausgabe der Schauenburgischen Hofgerichtsordnung.

zen und mit einer Planke einschliessen lassen. Die Röhren waren über die sogenannte Freiheit gelegt, bis diese mit Häusern bebauet, da sie dann weggenommen und auf der andern Seite des Teiches gelegt wurden. In Ansehung dieses Bornhofes konnten die Hamburger ja unmöglich die Hoheit prätendiren, und von Königl. Seite glaubte man, daß die Hamburgischen Besitzer schuldig wären, in signum superioritatis eine Recognition zu zahlen, auch die Grundhauer, Dienstgeld und alle Onera extraordinaria davon zu entrichten und abzutragen. Was wegen dieser Wasserleitung nachher vorgefallen, wird unten vorkommen.

Der König ließ auch in diesem Jahre Altona mit den herumliegenden Inseln und Gränzen nebst der ganzen Gräfschaft durch den Mathematicum, Johann Meyern, aufmessen und chartiren.

Der neuen Stadt fehlte noch ein Rathhaus, dahero Ihro Königl. Majestät auf desfalls geschehene allerunterthänigste Vorstellung unterm 31. Aug. 1669 nicht nur die Erbauung desselben, sondern auch zu dem Endzweck, eine gedoppelte Contribution von gemeiner Stadt, in anderthalb Jahren einzufordern, allergnädigst erlaubten. Zu diesem Behuf auch 30 Eichbäume schenkten, und eine allermildeste Concession zur Anlegung eines freien Weinkellers ertheilten.

So weit brachte es dieser kluge und weise König, der seinen Staat durch vortrefliche Gesetze und nützliche Stiftungen befestiget hatte, und dessen Tod im Jahre 1670 den 9ten Februar erfolgte.

Christian der Fünfte bestieg nunmehro den väterlichen Thron, und erweiterte zugleich bei dem Antritte desselben die zur Wohlfahrt dieser Stadt gefaßte Ent-
wür-

würfe seines glorreichen Herrn Vaters. Er bestätigte mit dem Anfange seiner Regierung nicht allein die allgemeine und besondere Privilegia, sondern hat auch während seiner Regierung die Stadt mit noch mehrern auch vielen zu ihrem Nutzen gereichenden Verordnungen versehen.

Gleich im Anfange der Regierung dieses Königes fingen einige Bürger der Stadt an, Häuser und Packräume bei und aus der Elbe aufzuführen. Hierüber beschwerten sich die Hamburger unterm 18ten März 1670 sehr, und baten, daß dieser Bau verwehret werden möchte, immaßen ihrer Meinung nach, der Elbstrom in seinem Laufe merklich behindert würde, solches auch wider kundbare Kaiserliche Rechte wäre. Der Grund dieses Widerspruchs mag indessen wohl nur der mit der Zeit zu befürchtende Abbruch der Handlung gewesen seyn.

Die Beschwerden der Altonaischen Bürger wurden dagegen aber auch so gehäuft, daß sie im Jahre 1671 dem Hofe eine ganze Reihe übergaben. Diese bestunden hauptsächlich darinn, daß ihnen von den Hamburgern der freie Handel auf alle Art gesperret; die in Altona verfertigte und fabricirte Waaren in und aufferm Hamburger Thor weggenommen, und sie in Hamburg mit neuen Zöllen und Auflagen beschweret würden; daß am Hamburger Rathhause alle Schiffer ernstlich bedrohet würden, keine Waaren ausserhalb Hamburg auszuladen, um dadurch zu verhindern, daß in Altona keine Güther ausgeladen werden mögten, von welchen in Hamburg der Zoll nicht abgetragen sei; daß sogar von den Kanzeln publiciret worden, nichts bey den Altonaern verfertigen zu lassen; daß man endlich neuerlich angefangen hätte, den Altonaern den Gebrauch der Banco zu verbieten. Diese

und

und andere Beschwerden dauerten bis im Jahre 1679, da der König endlich eine Genugthuung forderte, und Hamburg belagern wollte. Dies Ungewitter wurde aber unterm 30. Octobr. 1679 durch einen zu Pinnesberg gemachten Interimsreceß abgemacht, wobei sie versprachen in der Folge dahin zu trachten, sich der Gnade Sr. Königl. Majestät würdig zu machen. [11] Dieses dauerte indessen nicht lange, denn da der Wachsthum dieser Stadt den Hamburgern empfindlich war, so suchten sie den hiesigen Handelnden, durch allerhand neue Auflagen und Hinderungen, die Sache schwer zu machen. In den zu Regensburg übergebenen Beschwerden des Königs, [12] findet man dieses in dem 4ten Puncte mit angeführet, daß der Magistrat sich unterstanden, sowol von fremden Schiffern, als auch von Sr. Königl. Majestät Unterthanen, wenn sie auf der Elbe bei Altona oder Glückstadt einige Waaren ausgeladen, ein gewisses Geld zu fordern. Und obwohl die Hamburger nach desfalls vom Könige an sie ergangenen Erinnerungen und Vorstellungen Ao. 1681 dieses kühne Verfahren eingestellet, so hatten sie doch Ao. 1685 eben dergleichen Kühnheit zu gebrauchen wieder angefangen. Der König, so sanftmüthig er sonst war, ward durch diese und mehrere Beschwerden endlich genöthiget, Hamburg Ao. 1686 zu belagern. Diese Belagerung ward indessen auf besondere Vermittelung des Churfürsten von Brandenburg bald aufgehoben, die Stadt wieder zu Gnaden aufgenommen, und der König erklärte, daß es bei den Hamburgischen Receß von Ao. 1679 zu Pinneberg, bleiben mögte. Die Münze, welche der König

bei

---

[11] Holbergs Dän. Reichshistorie, 3ter Theil, Seite 791.

[12] Ebendaselbst, Seite 802.

bei dieser Gelegenheit schlagen ließ, ist im Holberg 13) zu finden.

In dem Jahre 1688 den 20. Octobr. erhielten einige Altonaer die allergnädigste Erlaubniß, eine Brauerei daselbst anzulegen; eine Erlaubniß, die für Altona um so vortheilhafter ist, als das hiesige Bier für vieles anderes einen grossen Vorzug hat, und deshalb einen nicht geringen Zweig des hiesigen bürgerlichen Gewerbes abgiebet.

Das folgende 1689ste Jahr hat Altona durch den am 20. Junii hieselbst zwischen dem Könige von Dännemark und dem Herzoge von Holstein-Gottorp, geschlossenen Frieden sehr bekannt gemacht. Durch denselben sind dem Herzoge Christian Albrecht seine Länder nebst allen Rechten wiedergegeben worden. 14)

Durch eine Königl. Constitution de dato Glückstadt den 14. May 1691 ward hieselbst die Erbfolge der Eheleute, das Beispruchsrecht, Concurs- Wechsel- Handlungs- und Testamentssachen, bestimmt und in Richtigkeit gebracht.

Die Bürger in Altona fanden durch das Branteweinbrennen einen guten Absatz, vor allen, da sie solchen vermöge allergnädigster Privilegien zollfrei durch den Oeresund nach Norwegen senden konnten. Dahero sie Ao. 1692 den 14. März eine Zunft errichteten, die vom Könige Ao. 1694 den 4. Febr. allergnädigst bestätiget worden.

Das gute Vernehmen zwischen Altona und Hamburg ward endlich durch den Kopenhagenschen Receß vom 16ten Aug. 1692 wieder hergestellt. 15)

Zur

13) Holbergs Dän. Reichshistorie, 3ter Theil, Seite 806.
14) Siehe Schmaus Corpus juris gent. academ p. 1081.
15) Herrn Sachw. Schmids Geschichte pag. 61. ⁊c.

Zur innern Sicherheit der Stadt ward den 25. Aug. 1693 eine Bürgerwache von 8 Compagnien an geordnet. Diese Einrichtung hat bis 1713 gedauert, da sie durch die Königl. Verordnung, welche die Privilegia der Stadt mit enthält, abgeschaffet worden. (Jetzt sind 22 Bürger-Compagnien.)

Altona und ganz Dännemark verlohr endlich diesen grossen König, welcher den 25ten Aug. 1699 zu einer Zeit starb, als es sich in Holstein zum offenbaren Krieg mit dem Herzog Friederich IV. anließ. Dieser Herr, da er eine Schwedische Prinzeßinn zur Gemahlin bekommen, verließ sich auf die Schwedische Hülfe; dahero er im Schleswigschen, zum Nachtheil des Königs, noch mehrere Schanzen anlegen ließ, (sein Grossvater Friederich III. hatte auch Tönningen bereits 1648 befestigen lassen,) folglich ein Krieg unvermeidlich war. Bei welcher Gelegenheit Altona dann auch die Frucht des Krieges empfand, und den Hannöverschen, Zellischen und Holsteinschen Truppen Ao. 1700 funzig tausend Reichsthaler Brandschatzung bezahlen muste.

Inzwischen hatte der grosse und weise König Friederich IV. den Thron bestiegen, und bestätigte gleich beim Anfange der Regierung alle der Stadt und deren Einwohnern von Deren glorwürdigsten Vorfahren ertheilte Privilegia und Begnadigungen.

Dieser König ließ sofort im Jahre 1705 eine Verordnung in Altona und Pinneberg ergehen, die sehr wichtig ist, weil darinne Kirchen- Justiz- Policei- und Kämmereisachen auf einem ordentlichen Fus gesetzt werden.

Das wichtigste, so in Stadtsachen vorfiel, war wohl die über den Magistrat Ao. 1706 angeordnete grosse Commißion. Die Ursache mögte die Verwaltung

tung der Kämmerei seyn, worüber nunmehro ein Königl. Stadtkämmerer gesetzt worden. Ihre Rechnungen erhielten viele Notaten, welche sie mit ihrem Beutel beantworten musten.

Auch ward zu den öffentlichen Auctionen ein eigener Auctionsverwalter unterm 18. Septembr. 1705 allerhöchst verordnet und bestellet.

Die in Altona und Ottensen wohnende Leimsieder, welche aus den Wallfischgreven Leim kochten, errichteten 1707 eine eigene Zunft, die mittelst einiger vom Magistrat genehmigten Articul, den 1sten Octobr. 1708 allergnädigst confirmiret worden.

Die Stadt muste im Jahre 1711 die Wuth des Feuers erfahren; welches den 1. Novembr. enstand, und die breite und lange Strasse traf, wodurch die Judenschule nebst 200 Häusern im Rauche aufgingen. Der Schade ward aber bald wieder ersetzt, und die mehresten Häuser stunden schon wieder, als der unerbittliche Graf Stenbock Ao. 1713 solche muthwilligerweise in die Asche legen ließ. Jedoch stehen noch diese Stunde einige Häuser, die nach dem ersten Brande Ao. 1711 wieder erbauet worden, als unter andern die sogenannte alte Vossen-Brauerey.

Inzwischen ging der Streit mit Hamburg wieder an. Von allen auf der Elbe kommenden Schiffen, sie mögten bey Hamburg anlegen und löschen oder nicht, muste in Hamburg das Tonnen- und Packengeld bezahlet werden, wozu dann auch die Beengung des Altonaischen Commercii und ihrer bürgerlichen Nahrung kam. Die wichtigsten Beschwerden, so Altona angingen, waren diese, daß man Hamburgischer Seits verboten, aus denen Schiffen, so in Hamburg eingelassen werden wollten, vor Hamburg nichts zu löschen; daß man die an Altonaische Commercirende consignirte

Waa-

Waaren zu Hamburg angehalten, und ohne Zollerlegung nicht fahren laſſen wollen: daß man gar dergleichen auſſer dem Hamburgiſchen Hafen ausgeladene Güther, die nach Altona gebracht werden ſollten, von Ihro Königl. Majeſtät offenbaren Elbſtrome zurück nach Hamburg geholet: daß man ſogar Schiffe in Arreſt genommen, mit welchen Altonaiſche Kaufleute ihre Güther wegſchicken wollten, und gedrohet, ſelbige nicht eher los zu geben, bis die Altonaer den Zoll für die wegzuſendende Güther in Hamburg bezahlet; daß ein Hamburgiſcher Prätor einen Menſchen aus Altona holen und ins Spinnhaus ſetzen laſſen, und dadurch die Altonaiſche Juriſdiction violiret, daß man hiernächſt den Altonaiſchen Handwerkern ihre Nahrung ſehr kränkete, indem der Hamburgiſche Magiſtrat nicht litte, daß etwas, ſo in Altona fabriciret und gemacht worden, nach Hamburg hinein gebracht würde, und weßfalls faſt alle Aemter und Zünfte ihre Beſchwerden eingereicht, und dergleichen mehr, welches alles Ao. 1712 in einer beſondern facti ſpecie weitläuftig angeführt und mit Beilagen erwieſen ward. [16] Dieſes waren Vorboten zu der hiernächſt erfolgten allgemeinen Sperrung der Handlung zwiſchen Hamburg und den geſamten Königl. Landen. Für Altona aber fiel nunmehro das Jahr ein, welches denen Einwohnern ein beſtändig fürchterliches Andenken hinterlaſſen hat, nämlich das Jahr 1713.

Es war den 7ten Jan. Abends um 9 Uhr, als der Obriſte Baſſewitz mit einem Commando Dragoner zu Altona ankam, und ſich an der Elbe einquartirte. Dieſer machte den Deputirten der Stadt, welche de-

Pa-

---

[16] Siehe Species facti oder Urſachen, ſo Ihro Königl. Majeſtät zu Dännemark-Norwegen ꝛc. vermogt, gegen die Stadt Hamburg Repreſſalien ergehen zu laſſen.

Pastor Sasse bei der Lutherischen Kirche, der Stadt-Secretair Clüver und die beiden Bürger, Quanz und Flügge, waren, bekannt, daß sie eine starke Brandschatzung würden geben müssen, weil Altona unter allen holsteinischen Städten sehr übel bei der Generalität angeschrieben stünde, und einige sogar auf deren Einäscherung bestünden. Dieses Commando muß von der vorhabenden Verbrennung selbst nichts gewußt haben, weil sie, da eben in der langen Strasse ein Haus unglücklicherweise in Brand gerieth, solches zu löschen äusserst bemühet gewesen. Um Mitternacht rückten hieselbst noch etliche 100 Dragoner unter Commando des Obristen Strömfeldt ein, welche vorm Rathhause aufmarschirten. Der Major desselben visitirte noch die Nacht Flüggen ganzes Haus, forderte Fourage für 800 Pferde, desgleichen Bier, Brantewein, Brod und Einquartirungs-Billets für eben so viele Mannschaft, sonsten er den Gemeinen, sich selbst zu logiren, Freiheit geben wollte. Dieses alles konnte Flügge gleichwohl nicht schaffen, jedoch bekam er etwas Bier, und wegen der Billete muste selbiger nach dem Hamburger Berge, um daselbst mit dem Magistrate und dem Bürger-Capitaine, welche dahin geflüchtet waren, zu sprechen.

Den 8ten Jan. früh ließ letztgedachter Obrister um die geforderten Gelder wieder fragen, und als inzwischen der Graf Stenbock selber kam, hat der Pastor Sasse ihn auf der Gasse sowohl, als nachhero im Quartier, kniend zur Gnade zu bewegen gesucht. Dieser ließ hingegen durch den Obristen Bassewitz den Deputirten der Stadt bekannt machen, daß sie sich auf eine gute Summa herbei zu schaffen gefast machen müßten, und diese offerirten endlich 24000 Rthlr., zuletzt aber 36000 Rthlr. Jedoch auch diese Summa wollte nicht zureichen, sondern der Graf Stenbock, in

des

des Syndici Oldenburgs Hause logirend, sagte endlich zu den Deputirten: Ehe das vor ihm stehende Licht abgeputzet würde, sollten ihm 100000 Rthlr. baar gegeben werden, sonsten er die Glocken läuten, die Trompeten blasen, und die Pauken schlagen lassen wollte, und wenn man solches hörte, möchte sich ein jeder in acht nehmen. Man könnte also nach Hause gehen, Weib und Kinder samt andern Sachen retten, und wenn das Feuer anginge, von den Strassen bleiben, damit keiner erschossen oder erstochen würde. Obwol nun Deputirte erwiederten, wie sie durch des Herrn Grafen Manifest, datirt zur Herren Fährde bey Lübeck den 30. Decembr. 1712, so sicher wären gemacht worden, und dahero alles stehen und liegen lassen, so antwortete doch der Graf: Das Manifest ginge Altona nichts an. Nach einem kurzen Verweilen hatte der Obrister Bassewitz die geforderte Summa auf 50000 Rthlr. gelassen, und als Deputirte sich endlich dazu erklärten, erhielten sie statt der Antwort folgende Resolution:

„Ihro Königl. Majestät, meines allergnädigsten
„Königs verordneter Rath und commandirender
„General en Chef, Graf Magnus Stenbock, thue
„kund, daß, nachdem meines allergnädigsten Kö-
„nigs Feinde kein Bedenken getragen haben, hoch-
„genannter Ihro Königl. Majestät Stadt Stade,
„im Herzogthum Bremen, ganz grausamer Weise
„zu verbrennen, und in die Asche zu bringen; man
„nicht hat umhin gekonnt, dagegen Repressalien zu
„gebrauchen, und die feindliche Stadt Altona eben
„wol durch Feuer und Flammen zu verstören.
„Sollte man aber vermerken, daß die Feinde, wer
„sie auch wären, auch einige Verheerung durch
„Feuer und Schwerdt in unsers allergnädigsten
„Königs Ländern vornehmen sollten, so declarire
„ich

„ich dagegen, in höchstgenannter Ihro Königl. Ma-
„jestät Namen, daß ich nicht unterlassen werde,
„nach allen üblichen Kriegsgebrauch, in der dem
„Feinde zugehörigen königl. Provinz Holstein und
„Ländern ein gleiches zu thun, und vollkommene
„Repressalien zu gebrauchen, gleichwie bereits der
„Anfang in Altona zu geschehen anbefohlen. Da-
„tum Pinneberg den 8ten Jan. 1713.
„ Magnus Stenbock."

Die Deputirten baten nochmals flehentlich, die Stadt zu verschonen, und mit den geforderten 50000 Rthlr. zufrieden zu seyn; allein obgleich der Oberste Basse- witz den Grafen gebeten, das Geld zu nehmen und die Stadt zu verschonen, kündigte man ihnen endlich den Arrest an, da sie denn durch einen Unterofficier und etliche Dragoner begleitet, zu Fus übers Feld vor Altona hinaus marschiren musten, wo sie endlich auf einen Wagen kamen, und nach Pinneberg transportiret wurden. [17]) Die Stadt selbst aber ward die Nacht zwischen den 8. und 9ten Januar 1713 um 12 Uhr in Brand gesteckt. Die Häuser wurden von den Sol- daten mit Fackeln und Pechkränzen angezündet, als wozu verschiedene Commandos beordert waren, welche die Gassen auf und nieder patrouillirten. Es blieben ausser der evangelischen und reformirten Kirche keine 30 Häuser in Altona stehen. Unter diesen waren ins- besondere die Braunschweig-Lüneburgische Salzfacto- rei mit den dahinter belegenen Häusern, das Wirths- haus zur Sagemühle, und ein benachbartes Haus, alle in der Elbstrasse, sodann der de Ruytersche Hof auf Eislers Feld (der Johannisstrasse) belegen, und andere, weil sie der Schwedischen Generalität Brandschatzung

da-

[17]) Historische Nachricht von Verbrennung der Stadt Altona.

dafür bezahlet, begriffen. Die Kirchen anzustecken haben sie aber nicht im Sinne gehabt, wie aus einem von dem Obristlieutenant von Essen ausgestellten Attestat erhellet, worinn derselbe bekennet, daß die reformirte Kirche beinahe wäre angesteckt worden, weil man nicht sehen können, daß es eine Kirche sei, indem sie weder Spitze noch Thurm habe, wenn nicht ein gewisser Kaufmann es ihnen angezeiget, daher sie auch nebst den umstehenden Häusern mitten im Feuer erhalten worden. In der breiten Strasse in Vossen Brauerey hatten sich viele Brauerknechte versammlet, welche die hineinkommende schwedische Soldaten, so anstecken wollten, todtschlugen, und daher dieses Haus retteten. Die mehresten Leute hatten sich mit den wenigen Sachen, die zu retten gestanden, nach dem Hamburger Berge retiriret, allwo sie zum Theil unter freiem Himmel, in den Sandgruben sich aufhalten müssen.

Diese Verbrennung war nun was unerhörtes, und ward von einem jeden verabscheuet. Selbst der König von Schweden soll es gemißbilliget haben, und Stenbock hat sich damit entschuldiget, daß er es auf blosse Ordre von dem General Wellingk gethan, der seine Ursachen gehabt, warum er Altona aufgeopfert haben wollte. [18] Freilich wird es auch mir bei allem, was ich darüber gelesen, sehr wahrscheinlich, daß dem Grafen Wellingk, der sich als schwedischer Minister in Hamburg aufhielte, sehr daran gelegen gewesen seyn muß, Altona zu verwüsten; allein eigentlich hatte er dem Grafen Stenbock doch nichts zu befehlen, denn wie dieser den 8ten Januarii in Hamburg bei jenen war, und sich äusserte, lieber Geld oder

---

[18] La Martiniere Geograph. und critisches Lexicon, 1ter Theil, p. 649.

Brandschatzung zu nehmen, hat Graf Wellingk hönisch geantwortet: at det wore en sak som tilkomme Fält-Marskalken at sware före sielf, [19]) oder daß dies eine Sache sei, die der Feldmarschall selbst zu verantworten hätte. Diese Declaration beweiset ja, daß der Graf Stenbock hierinn willkührlich handeln konnte, und so war er auch fühllos und unbarmherzig genug, brennen zu lassen.

Der pohlnische General-Feldmarschall Flemming rückte dieses Verfahren dem Grafen Stenbock, als eine Beleidigung des Völkerrechts vor, weil unter den europäischen Völkern durch langes Herkommen beliebet worden, einen offenen Ort, dergleichen Altona war, nicht mit Feuer zu verwüsten, im Fall er Brandschatzung zu erlegen erbötig sey.

Auch soll ihm dieser abscheuliche Brand, wodurch er so viele tausend wehrlose unschuldige Menschen, Witwen und Waisen, auf einmal ins tiefste Elend stürzte, nachher nicht nur gereuet haben, sondern in einer Relation von Ao. 1716 gestehet er selbst offenherzig, daß von dem Tage an ihm ein Unglück übers andere gefolget, auch seitdem keine einzige frölichse noch gesunde Stunde erlebt habe. [20]) Robinson läßt sich im Etat de la Suede hierüber so aus: Depuis cette execution les mauvais succés suivirent en foule l'armée Suedoise & le Comte de Stenbock n'éprouva plus que de revers. [21]) Hier kann man also wol mit Bellegardes sagen: Il y a une puissance superieure qui se fait sentir par des effets terribles
&

---

[19]) Siehe Kongl. Raadets och Fält-Marskalkens Gr. Stenbocks Lefwerne. Fierde Delen, p. 24.

[20]) Siehe eben daselbst p. 33.

[21]) Robinson Etat de la Suede p. 362.

& capables d'épouvanter ceux qui se croyent au dessus des loix de la justice ordinaire. ²²)

Da es gewiß ist, daß von der Zeit an des Grafens Stenbock Ruhm und Thaten Gränzen gesetzt wurden, so wird es meinen Lesern vielleicht nicht unangenehm seyn, wann ich seine darauf folgende Bewegungen in den Herzogthümern, seine Gefangennehmung und sein Ende hier kürzlich berühre.

Obgleich die Einsichten eines Officiers von meinem Grade gewöhnlichermassen zu eingeschränkt sind, als daß er sich unterstehen kann, die Operationen eines Feldherrn mit genau abgewogener Richtigkeit zu beurtheilen, so wage ich es doch zu sagen, daß der Graf Stenbock, nach den bei Gadebusch den 20. Decembr. 1712 erhaltenen Vortheil, darinn eben nicht klug gehandelt, mit seiner Armee über die Trave ins Holsteinsche zu marschiren; indem er sich dadurch die herannahende alliirte rußische Truppen in Rücken setzte, und solchergestalt in einem sehr coupirten Lande zwischen zwei Feuer zu kommen offenbar risquirte. Geschweige die übrigen wichtigen Ursachen, die ihm von diesem gefährlichen Schritte abhalten, und seinem Point de vue eine ganz andere Directionslinie hätten geben müssen. In einem Briefe, den der gelehrte Herr Baron von Leibnitz Ao. 1713 an den Herrn Grimaret nach Paris schrieb, sagt er ganz richtig: Si Mr. le Comte de Stenbock après la victoire gagnée fut retourné a Stralsound, il auroit fait plus maigre chère & auroit eu la bourse moins pesante, que lorsqu'il a poussé de Mecklenbourg dans le Holstein; mais il auroit conservé son Armée & sa gloire. ²³)

---

²²) Bellegardes Regles de la vie Civile p. 462.
²³) Epist. Leibnit. T. III. p. 338.

Indessen war sein (von dem Grafen Wellingk mit inspirirter) Plan, so wie Carl Gustav, nach Jütland, Fühnen und Seeland zu gehen. ²⁴) Er hätte aber hiebei ausser andern wichtigen Dingen einen eben so strengen Winter, als der Zeit, voraussetzen, anbei überlegen sollen, daß in diesem fehlenden Fall ihm eine weit überlegene dänische und alliirte Armee auf den Hacken seyn würde, und dann in einem so schmalen und dazu coupirten Lande, er, ohne den größten Theil seiner Armee aufzuopfern, sich nicht durchschlagen könnte. Demohngeachtet folgte er seinem imaginirten Plan auf ein blosses Gerathewohl; marschirte durch das Holsteinische über Ditmarschen, und paßirte den 19. Januarii 1713 die zugefrorne Eyder in 2 Colonnen, wovon die eine bei Husum, die andere aber bei Schwabstedt Posto fasseten, vergaß anbei nicht, die wichtigsten Posten längst der Preene, als Hollingstedt, und Troja, gut zu besetzen.

Die Königl. Dänische Armee, die nunmehro verstärkt, nebst den sächsischen Truppen, vereinigten sich den 24. Januarii mit den Russen auf Kropper Heide, (1½ Meilen von Hollingstedt; als den ersten schwedischen Posten,) und nach diesem Dato finge diese alliirte Armee unter höchsteigener Anführung des Königs Friederich IV, an, offensive zu agiren. Ungeachtet das ganze Terrain bei Hollingstedt, Troja, Schwabstedt, Friederichstadt, und Rödemis bei Husum, bekannterweise so chicaneuse und difficile als möglich ist; ungeachtet der rauhesten Jahreszeit, wurden dennoch die Schweden, so brav sie sich auch aller Orten vertheidigten, nach und nach völlig delogirt und gezwungen, sich in den äussersten Winkel von Eyderstädt bei und hin=

---

²⁴) Kongl. Raadets och Fält=Marsk. Gr. Stenbocks Lefw. IV. Deelen, p. 300.

hinter Tönningen zu retiriren. Während dieser Zeit war aber das Eis in der Eyder aufgegangen, und dadurch die Retraite der Schweden gesperret, um so mehr, da sie keine Pontons bei sich hatten, und der starke Eisgang solches überdem wohl nicht erlaubt hätte. Diese Situation der schwedischen Armee, nebst andern hier nicht her gehörenden wichtigen Sachen, veranlaßten den Herzogl. Commandanten und Generalmajor Wolff, den Grafen Stenbock mit den größten Theil der schwedischen Infanterie, zum größten Erstaunen des Königs, den 16. Febr. in die Festung Tönningen einziehen zu lassen.

Der Feldmarschall, Graf Stenbock, hatte zwar die Absicht, von da über die Eyder wieder nach Mecklenburg zu eclipsiren, zu welchem Ende auch ein Entwurf, zu Schlagung einer Schifsbrücke über die Eyder, gemacht wurde; die Eyder war aber hieselbst 1100 Fus breit, und es fanden sich nur Fahrzeuge und Prähme zu 637 Fus, folglich muste dies Project aufgegeben werden. Dahero er dann resolvirte, in aller Stille seine Truppen durch die in Tönningen vorhandene Fahrzeuge so übersetzen zu lassen, womit er auch in der Nacht vom 19. bis 20. Febr. würklich anfing. Es konnten aber in derselben Nacht nicht mehr als 1650 Mann, und noch mit größter Beschwerlichkeit, übergebracht werden. Die auf jener Seite im Flecken Lunden postirte 500 Dänen entdeckten des folgenden Morgens seine Absicht; also ward auch dieser Posten, von einem Theil der bei Friederichstadt stehenden Russen, gleich so stark besetzt, daß an keine Passage mehr zu denken war. Weil nun überdem die Mündung der Eyder mit dänischen Fregatten gesperret, so war er nun theils in der Festung, theils in dem allergefährlichsten Marschterrain völlig eingeschlossen.

Der König Carl XII, welcher bekanntlich in Bendern war, muß dies schon alles reiflich vorher gesehen haben; denn unterm 23. April 1713 schrieb der Herzogl. Envoye Fabricius aus Adrianopel an den Baron von Görtz: Le Roi commence insensiblement à être convaincu de la mechante mannœuvre du Comte de Stenbock en passant la Trave. Je crains terriblement pour cette affaire, à moins que les Garants n'y mettent le Holla. Und den 23. May abermals: C'est à present que l'on commence à remarquer veritablement la faute considerable, qu'il a commisse de quitter la Trave & de s'enfermer dans ce Cul de Sac. 25) Diese vorhergegangene Aeusserungen waren auch ganz richtig; denn, wie es die Jahreszeit nur einigermassen erlaubte, daß die dänische und alliirte Armee, durch die beschwerliche Eyderstädtische Marschländer, sich in Bewegung setzen konnte, marschirte der König am 27. April von Husum über Garding bis Catingen und Cotzenbull, und die in und bei Friederichstadt unter Commando des Prinzen Menzikow gestandene rußische Truppen rückten gleichfalls bis Haerbleck und Kruck vor, so daß die Festung nunmehro enge eingeschlossen, und die Schweden genöthiget waren, auch den bisher inne gehabten äussersten Winkel von Eyderstädt ganz zu verlassen, und sich, nachdem sie den größten Theil ihrer Cavallerie und Trainpferde todgestochen, (über 2000 Stück,) in und unter die Festungswerke von Tönningen zu retiriren, wo sie, nach eröfneten Trancheen, den 16. May aus Mangel der Lebensmittel zu capituliren gezwungen wurden.

Der Feldmarschall, Graf Stenbock, ritte hierauf den 20. May, in Begleitung verschiedener Officiers, nach

---

25) Kongl. Raadets och Fält=Marsk. Gr. Stenbocks Lefw. IV. Delen, p. 79.

nach Hoiersworth, wo der König mit einigen der alliirten Generals, die dänisch- und rußische Truppen in hohen Augenschein namen. Wie nun der Graf Stenbock 20 Schritte vom Könige entfernt war, stieg er vom Pferde, ging unter Begleitung eines dänischen Generaladjutanten zu Höchstdenenselben, und übergab seinen Degen. Der König befahlen ihm aber, solchen zu behalten, und hatten dagegen die Gnade, ihm die Hand zu reichen, die er mit ehrfurchtsvollen Respect küssete.

Nachdem er nun auf Befehl sich wieder zu Pferde gesetzt, und dem Könige bei Besichtigung der alliirten Truppen gefolget, hatte er die Gnade, zur Königlichen Tafel gezogen zu werden. Unter währender Zeit die 1ste Division Schweden von 3 Regimenter, mit eingewickelten Estandarten und Fahnen, ohne Rührung des Spiels aus der Festung marschiren mußten. So wie solche nun bei des Königs Quartier zu Hoiersworth angekommen und aufmarschirt waren, wurde von denen hiezu beorderten Königl. dänisch Commandirten zu Pferde ein Kreis um ihnen geschlossen, auch sogleich die Namen der gefangenen Mannschaft ausgerufen, das Gewehr gestreckt, die Tropheen und Armatursorten abgegeben, und sodann nach den Oertern ihrer Gefangenschaft geführet. Nach aufgehobener Tafel ritte der Graf Stenbock nach Tönningen zurück, den Ausmarsch der übrigen Divisions vorbeschriebenermassen auf gleiche Art zu besorgen, und wie solchergestalt die letzten Truppen am 26. May ausmarschirt waren, folgte der Feldmarschall, Graf Stenbock, mit seinem ganzen Generalstaab, zu Fus aus der Festung vors Thor, woselbst er von einem rußischen Officier, mit 50 commandirte Mann zu Pferde, entgegen genommen und nach Husum begleitet wurde. Bei dieser Gelegenheit wurden also in allen mit dem

Feld-

Feldmarschall 9 Generals, 700 Oberofficier, nebst 11162 Unterofficier und Gemeine zu Kriegsgefangenen gemacht, auch 3610 Officier- und Reuterpferde abgeliefert. Da nun die Schwedische Armee 16000 Mann stark ins Eyderstädtsche gerücket seyn soll, so sind 4884 Mann theils gestorben, theils desertirt. An Tropheen sind abgeliefert, 20 Canonen, worunter 6 eiserne, 8 Paar Pauken, 61 Estandarten und 67 Fahnen.

Den Ort der obberührten ersten Gefangenschaft muste der Graf Stenbock am 14. Junii mit Schleswig verwechseln. Bei seiner Ankunft daselbst, ward ihm von dem Königl. Generalauditeur Bornemann aus erheblich und wichtigen Ursachen bekannt gemacht, ohne Königlich ausdrückliche Erlaubniß, nicht mehr bei Hofe zu kommen. Im Ausgange des Octobermonats wurde sein Quartier abermals, und zwar nach Flensburg, verlegt, und kam sodann unter Begleitung eines Capitains und Lieutenants von der Königl. Leibgarde den 30. Nov. 1713 in Copenhagen an. [26] Hier ward ihm ein Palais zur Wohnung überlassen, und so viel Achtung und Güte bewiesen, daß ihm nichts als eine völlige Freiheit fehlete. Aber seine gegen Dännemark gefaßte Feindschaft und sein natürlicher Hang zu Ränken liessen ihn nicht ruhig seyn.

Einige Zeit nach seiner Ankunft in dieser Stadt, machte er sich wegen eines heimlichen Briefwechsels mit den Feinden des Landes verdächtig. Friederich der Vierte ward aufmerksam darauf, sahe die Sache wichtig an, und wünschte den üblen Folgen zuvor zu kommen. Aber Stenbock auf einen blossen Verdacht einzuschliessen, wollte er nicht; ihm oder seinen Leuten

die

---

[26] Kongl. Raadets och Fält=Marsk. Gr. Stenbock Lefwerne. IV. Delen.

die Gelegenheit zum Schreiben zu benehmen, konnte er nicht. Er erwählte also einen sicherern Weg. Dem damaligen Post=Inspector, Christian Erlund, ward befohlen, auf den verdächtigen Briefwechsel ein wachsames Auge zu haben, unter der Hand diejenigen Briefe, die einen gegründeten Argwohn erwecken könnten, zu eröfnen, und das, was sich aus ihrem Inhalt aufklären würde, zu melden. Erlund war ganz angewandt, den Willen seines Königs zu erfüllen. Er hatte genau acht auf alle Briefe, die von Kopenhagen nach schwedischen Oertern gingen, wenn auch gleich die Personen, an welche sie gerichtet waren, nicht sehr wichtige Leute zu seyn schienen: Er ließ sie auch, nach bemerktem Inhalt, ordentlich an behörige Oerter abgehen; gab aber genau Achtung auf die Personen, die selbige brachten oder abholten. Nach einer Aufmerksamkeit von einigen Wochen, fand er, daß wirklich ein verdächtiger Briefwechsel geführet würde. Stenbocks Correspondenten waren vornemlich ein General=Kriegscommissair Malmberg in Wismar, ein Regierungsrath Neubauer in Stralsund, der Schwedische Resident in Lübeck, Fock, und der Kaufmann Dunt in Hamburg. Die Briefe aber gingen unter erdichteten und stets abwechselnden Namen ab. Stenbock nahm bald einen fremden Manns=bald einen Frauensnamen an, schrieb gleichsam an nahe Verwandten und von erdichteten Familiensachen. Wenn er von sich selber etwas meldete, so geschahe es auf eine verblümte Weise, oder als eine Neuigkeit, die in Ermangelung anderer Materien angeführet wurde. Seine Correspondenten machten es eben so, und die Briefe wurden von unterschiedenen Personen gebracht und abgeholt.

Ein Jude, der mit Stenbocks Bedienten einen genauen Umgang hatte, und einer von seinen betrauten Briefträgern war, ließ sich erkaufen, dessen Zutrauen zu mißbrauchen, und Erlund mit einigen Nachrichten an die Hand zu gehen. Dieser aber brauchte ihn mit aller Vorsicht, bauete nicht so ganz auf seine Erzehlungen, ließ sich von seinen Absichten nichts gegen ihn merken, sondern fuhr nur fort, auch durch andere Wege Entdeckungen zu machen. Die ersten Briefe, die ihm in die Hände fielen, enthielten nichts von Erheblichkeit. Man hätte denken sollen, sie wären blos zum Vergnügen und ohne eigentliche Absicht geschrieben worden. Erlund aber sahe sie darum nicht für unbedeutend an. Er glaubte vielmehr, sie wären mit Fleis so eingerichtet, um zu versuchen, ob dieser Weg sicher genug sei, demselben Sachen von Wichtigkeit anzuvertrauen. Seine Vermuthung half ihm zugleich, Mittel ausfündig zu machen, zu seiner Zeit einem jeden Anschlag zu begegnen, der zum Nachtheil des Königs und des Reichs gefaßt werden mögte. Nicht genug, alsdenn diesen Briefwechsel aufzuheben; hielt er es vielmehr für dienlich, denselben auf eine schlaue Art fortzusetzen, um auch solche Nachrichten von den Feinden aufzutreiben, die, zumal bei dem damaligen Kriege, von Wichtigkeit seyn konnten. In dieser Absicht fand er es dienlich, die Hand der Correspondenten nachzumachen. Um sich darinn eine Fertigkeit zu erwerben, schrieb er sie damals schon, als der Briefwechsel noch wenig zu bedeuten hatte, theils ganz ab, und ließ diese Abschriften statt der Originale abgehen, oder er fügte den Originalbriefen einige Zeilen bei; doch jedesmal mit einer Entschuldigung oder einem Vorwand, warum er dieses nicht eigenhändig geschrieben hätte. In den Briefen, die von Stenbock abgingen, hieß es: Man werde stets belauret, und müsse daher durch einen Vertrauten schreiben lassen. In denen, die an ihn gerichtet waren, wurden

an-

andere Vorfälle, die etwas wahrscheinliches hatten, vorgegeben. Daß hieraus kein Verdacht entstehen konnte, rührete theils daher, weil man sahe, daß mit dieser fremden Hand Heimlichkeiten geschrieben waren, die kein Fremder wissen konnte, theils daher, weil Erlund ihnen gewisse Charactere abgemerkt hatte, und mit Fertigkeit schreiben konnte. Er hatte demnach das Vergnügen, diesen Briefwechsel ohne Rückhalt fortgesetzt zu sehen.

Stenbocks Briefwechsel mit dem Kaufmann Dunt betraf zuletzt einige Papiere, die er seinen Händen anvertrauet hatte. Mehr als einmal bat er ihn, diese als Heiligthümer zu verwahren, bis er derentwegen nähere Anstalten machen würde. Den Residenten Fock in Lübeck ermahnte er, einen mit Briefschaften gefüllten Koffer in sicherer Verwahrung zu halten, bis er ohne Gefahr nach Schweden könnte hinüber gebracht werden. Er that dieser Briefschaften oft Erwehnung, und zwar jedesmal mit besonderer Sorgfalt, weil, wie er sich ausdrückte, sein Leben und seine ganze Wohlfahrt darauf beruhe. Mit Malmberg in Wismar überlegte er solche Sachen, die seine persönliche Sicherheit betrafen. Er sollte nämlich, um seine Flucht zu befördern, einen Schiffer dahin vermögen, sich auf die Rhede von Kopenhagen zu legen, und unter erdichtetem Vorwand so lange sich daselbst aufzuhalten, bis Stenbock Gelegenheit fände zu entwischen, und zu ihm an Bord zu kommen, um nach Schonen hinüber zu gehen.

Diese Entdeckungen waren schon wichtig. Stenbock hatte in dem damaligen Kriege eine grosse Rolle gespielt. In den schwedischen Kriegs- und Staatssachen war er, da der König Carl der Zwölfte sich in der Türkei aufhielt, eine Hauptperson. Er hatte die

Cor:

Correspondenz mit den europäischen Höfen und Staats-ministern vornemlich geführet, Bündnisse geschlossen, Vorschläge gethan, und Entwürfe wider Dännemark gemacht. Dies alles war bekannt; weil man aber keine Briefschaften von Wichtigkeit bei ihm fand, als er in Tönningen gefangen wurde; so vermuthete man sie hier zu finden, und zwar mit desto mehrerem Grunde, weil Stenbock ihrer so angelegentlich erwehnte. Es war also dem Lande wichtig, sich dieser Papiere zu versichern, noch mehr aber, der Person des Grafen Stenbocks. Denn sollte er entwischen, so würde man aufs neue einen tapfern und verschmitzten Feind an ihm haben, dessen Gegenwart bei der Armee bisher mehr ausgerichtet hatte, als die Menge der Truppen. Demnach war es nöthig, theils seiner Flucht vorzubeugen, theils sich seiner Schriften, wo möglich, zu bemächtigen. Beides übernahm Erlund zu besorgen. Um sich der Papiere zu versichern, hatte er ein aufmerksames Auge auf die Briefe, welche Stenbock in dieser Hinsicht an Dunt und Fock ergehen ließ, und worinn er selbige ermahnete, sie entweder sorgfältig zu verwahren, oder auch an jemand anders abzuliefern. Solche Briefe wurden von Erlund umgeschrieben und dahin geändert, daß jenes Verlangen entweder ausgelassen, oder nach seiner Absicht geändert und eine andere Anweisung unterschoben ward. Den Kaufmann Dunt zu hintergehen, kostete ihn wenig Mühe. Nach einigen Vorbereitungen schrieb Erlund in Stenbocks Namen eine Vollmacht nebst andern Briefen und Anweisungen, sandte selbige an einen Freund in Hamburg, welcher mit guter Manier sie dem Kaufmann Dunt vorzeigte, dagegen die Packete in Empfang nahm, und gerade nach Kopenhagen sandte. Aber der Resident Fock, ein gebohrner Schwede, der den Koffer mit den wichtigsten Papieren in Verwahrung

rung hatte, ließ mehr Vorsicht und Bedenklichkeit spüren. Ihn zu überlisten kostete schon mehr Mühe. Endlich gelung Erlunden auch dieses. Nachdem er lange unter allerlei Vorwand die Absendung des Kofers nach Schweden, worauf Stenbock drang, verhindert hatte, schrieb er zuletzt einen Brief unter Stenbocks Namen an Fock. Er beklagte sich darinn mit äusserster Verwirrung, daß er, wegen eines Verdachts, den man auf ihn geworfen, jetzt genauer bewachet würde, und Gefahr stünde eingesperret zu werden: Um sich dagegen zu schützen und zu rechtfertigen, brauche er einige von den bei ihm aufbewahrten Briefschaften, daher er selbige mit der ersten fahrenden Post nach der ihm gegebenen Adresse nach Kopenhagen absenden mögte. Einen andern Brief ähnlichen Inhalts sandte er zugleich an Malmberg, und bat ihn, Fock anzutreiben, daß er keine Verzögerung in der Sache mögte statt finden lassen. Fock war anfänglich Willens, den Koffer nicht abgehen zu lassen, ehe er Stenbocks nähere und eigenhändige Ordre empfangen hätte; weil aber Malmberg darauf drang, und für alles zu stehen sich verbindlich machte, so hatte er weiter kein Bedenken bei der Sache, sondern ließ ihn mit der fahrenden Post, nach der von Erlund gegebenen Adresse, an Christian Christoffersen (dieser war er gerade selber) abgehen. So bald der Koffer ankam, ward er nach dem Schloß gebracht, und in Gegenwart des Königs eröfnet. Erlund nebst einem andern Beamten ward befehligt, die Papiere durchzusehen, ein Verzeichniß davon zu verfertigen, und den Inhalt anzuzeigen. Er ging unverzüglich ans Werk, und entdeckte Sachen von der grössesten Wichtigkeit, unter andern auch einen geheimen Tractat, der zwischen dem Herzog von Holstein und Stenbock geschlossen war, worinn der Herzog, ungeachtet seiner vorgegebenen

Neu=

Neutralität, sich verbindlich gemacht hatte, gegen Dännemark Parthei zu nehmen, unter der Bedingung, daß Schweden ihm wieder helfen sollte, einen Theil des Dänischen Holsteins in Besitz zu nehmen. Dieser Tractat nebst unterschiedlichen zwischen Stenbock und andern wichtigen Personen gewechselten Briefen, gaben dem König Friederich dem Vierten in vielen ein Licht, das ihm sonst wohl niemals aufgegangen wäre. Solchemnach war er nun auch im Stande, Entwürfe zu machen, die der Lage der Dinge mehr angemessen waren, als die vorigen.

Obgleich Erlund nunmehro sich mit neuen Verrichtungen beladen sahe, fuhr er dennoch fort, auf Stenbocks Plan, in Ansehung seiner Flucht, ein wachsames Auge zu haben, und dienliche Maaßregeln zu nehmen. Er brachte durch sein Nachforschen in Erfahrung, wann der Schiffer kommen sollte, wie er hiesse, woher er sei, wie der Accord gemacht wäre, und was sonst zu wissen nöthig seyn mogte. So bald er von allen Umständen hinlängliche Kundschaft erlangt hatte, meldete er es. Der Schiffer wurde angehalten; man brachte ihn zum Gefängniß; er mußte seinen Originalcontract aushändigen; und Stenbock, der so arglistig seinem geleisteten Eide entgegen gehandelt hatte, ward in genauere Verwahrung aufs Castell gesetzt. [27] Doch wurde er Anfangs nur in des Commandanten, Generalmajor von Bonarts, Behausung daselbst den 17. Nov. 1714 in Sicherheit gebracht; wie er aber noch nicht ruhig seyn konnte, sondern auch hier heimlich an dem König Carl XII. und der Prinzeßin Ulrica Eleonora zwei ganz unerlaubte und gefährliche Briefe schrieb, die dem wachthabenden Of-

---

[27] Malling grosse und gute Handlungen der Dänen, Norweger und Holsteiner, Seite 297 ꝛc.

Officier aber in die Hände fielen; und allerhöchsten Orts abgeliefert wurden; so mußte er etwa 14 Tage nachher unter 8 Mann Wache in ein ander Haus und zuverläßigeres Zimmer gebracht werden. Hier erfuhr er, daß seine älteste Tochter, die seit einem Jahre mit dem schwedischen Viceadmiral, Graf Wachtmeister, vermählt worden, Ao. 1715 im ersten Kindbette gestorben; imgleichen, daß sein eben erwehnter Schwiegersohn, in dem vorgefallenen Seetreffen, von den Dänen geschlagen und als Gefangener nach Corsöer gebracht worden. Solchergestalt von Sorgen, Leiden und Krankheit unterdrückt starb der Feldmarschall, Graf Stenbock, in der Citadelle Friedrichshaven den 23. Februar 1717. Seine Leiche ward auf ein Castrum Doloris gestellet, und sodann mit allen ihm beykommenden militairischen Ehrenbezeugungen, in der Garnisonskirche zu Kopenhagen beygesetzt. Aber, nach dem mit Schweden erfolgten Frieden von da nach Wapnoer Kirche in Halland gebracht, und sodann Ao. 1722 nebst der Leiche seiner Gemahlinn, in das in der Domkirche zu Upsal befindliche Oxenstiernische Begräbniß beygesetzt. 28)

Da dieser Zeitpunct für Altona so wichtig gewesen; so glaube ich auch nicht, daß es meinen Lesern unangenehm gewesen seyn wird, dieselben mit einem Manne näher bekannt gemacht zu haben, der bey dieser ganzen Begebenheit die Hauptrolle gespielet hat.

Ich kehre also nunmehro zu der Geschichte von Altona zurück.

Nicht das Uebel der grausamen Verbrennung allein kam damals über Altona, sondern auch die Pest

re-

---

28) Kongl. Raadets och Fält-Marsk. Gr. Stenbock Lefnerne. IV. Delen. P. 337 &.

regierte der Zeit daselbst. Man hatte, einen eigenen Pestchirurgum angenommen, und andere gute Anstalten vorgekehret, jedoch ist nach dem Brande, diese ansteckende Krankheit stärker als vorher gewesen; maßen noch Ao. 1714 der Chirurgus beibehalten werden müssen.

Zum Andenken der erschrecklichen Verbrennung von Altona und der nachher erfolgten Gefangennehmung des Grafens Steinbock, ließ der König eine Gedächtnißmünze 29) schlagen.

Vierter Abschnitt.

Von dem Zustande und Wachsthum dieser Stadt, von der schwedischen Einäscherung an.

Wir haben Altona in einem höchst elenden Zustand verlassen, denn nach dem erschrecklichen Brande, war nur ein blosser Stein- und Aschenhaufen zu sehen. Die Gnade des grossen Königs Friederichs machte, daß es aus seiner Asche empor kam. Der Czaar, (Kaiser,) Peter der Grosse, kam Ausgang des Januarmonats von Hamburg nach Altona, er sahe die Steinhaufen nicht ohne Rührung, und ließ den armen Einwohnern 1000 Rubel austheilen, versprach auch ihnen in den Handel nach Archangel zu begünstigen. Der König hingegen war sofort bedacht, den neuen Anbau der Stadt zu befördern. Zu welchem Ende er dem Herrn Grafen, Christian Detlef von Reventlau, geheimen Rath und Ritter des Elephantenordens, das Oberpräsidium und die Regulirung des neuen Anbaues, wie auch der Policei- und anderer Verfassungen, auftrug, und unterm 18ten März der Stadt und

des

---

29) S. Herrn Sachw. Schmids Beschreibung von Altona pag. 71.

deren Einwohnern ein neues allergnädigstes Privilegium ³⁰) ertheilte, worinn den Anbauenden gewisse Freiheitsjahre und den Commercirenden viele Freiheiten gegeben wurden.

Die Regulirung der Gassen und Wiederaufbauung der Häuser war wol das wichtigste, und der Graf Reventlau als Oberpräsident ließ sub dato Husum den 27. April durch ein gedrucktes Patent bekannt machen, daß, da eine Baucommißion ernannt, und bereits ein Baumeister nach Altona gesandt wäre, diese alle Desordres, bey Wiederaufbauung der Häuser und Disponirung der Gassen, haben sollte. Alle hohe Haustreppen, Kellersteige, Brischläge, Auslüchten ꝛc. sollen von den Gassen weggeschaft und keine neue angelegt werden. Kein Gebäude sey ohne Beirathen des Baumeisters Stallknechts anzulegen, jedoch stünde jedem frei, die Baumaterialien durch oder ohne Mäkler zu kaufen und anzuschaffen. Das Bauholz, wenn solches durchs Sächsische ginge, hätte der König von Pohlen und Churfürst zu Sachsen, von Erlegung des Zolles, gegen Vorweisung eines Attestats vom Präsidenten, frei zu seyn erkläret.

Der Graf ordnete hierauf eine Baucommißion an, welche die Gassen einrichten, zu Aufführung und Einrichtung der Häuser, und was sonst zu guter Policei, Abschaffung der bisherigen Unordnungen, und Maaßregeln besserer Verfassung nöthig, alle dienliche Mittel anwenden, und dahin beflissen seyn sollten, den Anbau zum Besten der Einwohner und Aufnahme der Stadt zu besorgen. Den Besitzern der mit abgebrannten Mühlen, erliessen Ihro Königl. Majestät vorgängig die Pacht, um solche zu soulagiren und zur

³⁰) S. Herrn Sachw. Schmids Beschreibung von Altona pag. 72. u. f.

Wiederauffrauung zu ermuntern. Allerhöchstdieselben ließen auch durch den Herrn Grafen von Reventlau zu erkennen geben, daß die im J. 1711 Abgebrannten mit denen, welche bei der schwedischen Einäscherung ihre Häuser verloren, sowol wegen der Contribution, nach Verhältniß der aufzubauenden Häuser, als auch in Abtragung der Lastgelder, gleiche Freiheit geniessen, und daferne die Collecte ein mehrers einbrächte, daß die letzt Abgebrannten, so viel als jene aus der Brandgilde würklich erhoben, pro rata erhielten, jene von dem Ueberschuße zu gleichen Theilen, (nach der Taxe der Häuser theilnehmen sollten. Unter solchen Veranstaltungen ging der neue Bau glücklich von statten, und man spürte hier den göttlichen Seegen merklich, der auf dergleichen Unglücksfälle zu erfolgen pfleget.

Nach einer guten Policeieinrichtung mußte der Stadtvoigt genau darauf sehen, daß die altonaischen Becker das Brod nach der angezeigten Brodtaxe backen und verkaufen, im widrigen aber bestraft werden sollten. Auch mußten die Korn- und Kalkmesser in Zukunft selbst, und nicht durch andere unbeeidigte Leute, mit gestempeltem Maaße und Tonnen messen. Zu welchem Ende die neubestellten Messer in Eid genommen wurden.

Um das Credit- und Handlungswesen empor zu bringen, ward von dem Grafen die Verfügung gemacht, daß ein ordentliches Stadt-Schuld- und Pfandprotocoll errichtet wurde. In diesem sollten alle und jede in der Stadt Altona belegene Erben, Hausstellen, Plätze, Gärten, Cämpe und Bleichen, nach der Lage, Länge und Breite, aufgeführt werden. Zu diesem Ende würden einige zur ordentlichen Aufmessung und Abthuung der Gränzstreitigkeiten unter den Nachbarn committirt, und hiernächst das Stadtbuch selbst in der Form, wie es gegenwärtig ist, errichtet.

Auch

Auch ward das Dänisch und Norwegische Wechselrecht, so König Christianus V. sub dato Kopenhagen den 16. April 1681 ausgegeben, hier in Altona eingeführt.

Von publiken Gebäuden ward noch in diesem Jahre die Frohnerei zu bauen angefangen, sodann auch oben in der Königsstrasse eine Artisebude erbauet, die aber schon seit vielen Jahren nicht mehr in dieser Qualität existiret.

Vermöge Königl. Rescripts vom 9. Decebr. 1713 wurden alle alte Rathsherrn abgeschaft, und vier neue an deren Stelle angenommen.

Sonst war im Sommer dieses Jahrs in Hamburg die Pest sehr stark, und Hamburg ward daher den 26. August eingeschlossen, und durch eine Postirung alles Commercium mit den Königl. Landen verwehret. Hier in Altona war bereits vorher die Anstalt gemacht, daß nichts an Betten, Wollenzeug, Schaaffell, Hanf, Flachs und dergleichen aus Hamburg herausgebracht werden dürste; wie denn auch alle ankommende und weggehende Reisende scharf examiniret und mit Pässen versehen werden mußten. Diese Pest dauerte bis Ao. 1714, da am 22. März wegen Abwendung solcher Plage, welche bei 50000 Menschen hingerast, ein Dankfest gehalten, und im April dieses Jahres die Postirung aufgehoben wurde.

Zu Anfange des 1714 Jahres ward das hieselbst neuangeordnete Niedergerichte verordnungsmäßig eröfnet, und zugleich ein zu Aufrechthaltung guter Policei dienendes Gesetz, die Reinigung der Gassen betreffend, bekannt gemacht.

Die Dorfschaft Ottensen ward in diesem Jahre, was die Jurisdiction betraf, zu Altona gelegt.

Die Gränze zwischen Altona und Pinneberg wurde folglich unterm 11. April reguliret und folgendergestalt gesetzet, daß der erste Stein an der Elbe zu Oevelgönne bey sel. Jacob Dammers Wittwen Hause jenseit des Ganges; der 2te auf der Höhe an der Strasse diesseits Benke Hiddes Graupenmühle, und diesseits des Fußsteiges, welcher nebst dem Berge an der Planke hinunter geht; der 3te auf dem Rolandsberge, jenseits sel. Julius Rickborns Mühle; der 4te auf dem Bostell und zwar auf der sogenannten Ottmarscher Flagge; der 5te auf dem Bostell bey der Ecke von Hinrich von Doehren des ältern Kamp an der Strasse; der 6te zwischen dem Vornkamp und Bostell, und der 7te auf dem Pindeberge seyn sollte.

Der bei der Kirche angekaufte Platz, der sonst zur Erbauung einer Schule bestimmt war, ward nunmehro zur Erbauung eines Hauses für den Probsten angewandt, und zur Schule ein anderer Platz ausgesucht.

Auch ward in diesem Jahre die Elbbrücke gebauet, die Anfahrt der Schiffe bequemer gemacht und zum Löschen derselben eine Winde angelegt. Von dem Präsidio ward ein eigener Brückenmeister bestellt, der die ankommenden und abfahrenden Passagiers richtig notiren, auf die Unterschleife bey der Accise genaue Acht haben, und darnach sehen sollte, daß das bei der Brücke liegende Holz nicht nach andern Orten gebracht werde.

Die öftere Feuersgefahr hatte gelehret, wie nothwendig eine wohleingerichtete Feuerordnung war. Es kam also eine General-Feuerordnung in diesem Jahre heraus, die vom Könige de dato Kopenhagen den 18. Decembr. confirmiret war. Jetzo aber stehet ein jedes Gebäude der ganzen Stadt, in der für

sämt-

sämtliche Städte des Reichs errichteten Königl. General-Brandcasse, aus welcher dann der Schade, je nachdem ein jedes Gebäude im Register taxirt stehet, auf das prompteste bezahlet wird. Demnächst ward die Verfügung gemacht, wie bei entstehender Feuersbrunst, die Anstalten und Ordnung mit den Sprützen, auch einer und andern Feuerinstrumente, zu bewerkstelligen sei.

Im 1715ten Jahre wurde der Rathhausmarkt erweitert, weil nunmehro ein ander und grösseres Rathhaus erbauet werden sollte. Die Rathssessionen wurden inzwischen in einem Bürgerhause gehalten. Imgleichen wurde auch der Fischmarkt erweitert, zu welchem Ende einige Häuser und Plätze von der Stadtkämmerei angekauft wurden.

Zum Behuf der Reisenden und ankommenden Fremden, ward auf Königl. Befehl auch eine Fuhrordnung aufgerichtet, damit die Reisende innerhalb einer Stunde, auf Verlangen, mit Wagen oder Vorspann, weiter gehen könnten, und auch nur nach Königl. Satzung zu bezahlen hätten.

Die im Jahr 1711 mit abgebrannte Judensynagoge wurde in diesem Jahre auch wieder zu bauen angefangen, und im folgenden, als Ao. 1716, vollendet; welche hiernächst, samt des Rabbiners, Vorsängers und Schulbedienten Häusern, bis Ao. 1735 von der Contribution befreiet wurden.

Die Catholiken und Menonisten waren gleichfalls bemühet, ihre Kirchen aus der Asche wieder empor zu bringen.

Das Rathhaus ward endlich in dem Jahre 1716 erbauet. Da die Stadtkasse noch nicht vermögend war, einen solchen Bau abzuhalten; so war die Kämmerei genöthiget, hiezu eine Summe Geldes aufzunehmen.

Man hatte inzwischen mit besserer Einrichtung der Policei und gerichtlichen Verfassung fortgefahren, und des Endes verschiedene sowohl Königliche als Präsidialverfügungen durch den Druck bekannt gemacht.

Die völlige Ausführung der angefangenen publiken Gebäude beschäftigte die Vorgesetzten der Stadt, und die Privati säumten auch nicht, theils die abgebrannten alten Häuser, theils auch ganz neue, wozu sie durch die Privilegia ermuntert wurden, anzubauen. Die ersten wurden hiezu durch die sowohl aus Königl. als andern Landen eingekommene Collectengelder, welche sich auf ein erkleckliches beliefen, um ein merkliches erleichtert, von diesen wurde den Bauenden nach der Grösse des Baues und Anzahl der Etagen, die Materialien an Stein, Kalk und Dachpfannen von der Baucommißion gereichet. Z. E. So empfing einer zu 50 Fus breit an der Gasse, und 2 Etagen Brandmauer, 15000 Steine, 3 Last 9 Tonnen Kalk, und 1000 Pfannen, und so zu 100 Fus noch einmal so viel, zu 25 Fus aber die Hälfte.

In dem Jahre 1718 wurden drei Windmühlen erbauet. Der Grund gehöret jedoch dem Könige, und der Besitzer hat die Mühle gegen jährliche Recognition in Erbpacht.

Zum Nutzen der Stadt gereichte ferner die im Jahr 1719 erbauete öffentliche Stadtwaage, und der zur Zierde auf dem Fischmarkte aufgerichtete Springbrunnen. Zu der ersten ist ein eigener Waagemeister bestellet, welcher dahin zu sehen, daß alle mit Schiffern und sonst anhero kommende, und von den Lagern wieder abgehende Waaren, auf dieser Waage ordentlich gewogen werden, jedoch, daß einem jeden, sich seiner eigenen Haus- und Kellerwaage zu bedienen, frei bleibet, weßfalls denn insbesondere Ao. 1733 den 9.

Ju-

Junii, und Ao. 1741. den 26. Julii specielle Verfügungen ergangen. Man machte auch in diesem 1719. Jahre den Anfang des Schulbaues, der sonst noch niemals hatte zu Stande kommen können.

So gewiß auch die Gränze der Stadt bereits vom Könige Friederico III. bestimmt war, so wurde doch derselben von Seiten des Amts Pinneberg die Jurisdiction über die Diebsteicher Mühle streitig gemacht. Sie erhielt dieselbe endlich durch rechtlichen Spruch der glückstädtischen Regierung im Jahre 1721.

Im Jahre 1723 ward mit Errichtung des sogenannten neuen Hafens angefangen, und selbiger auch bald zu Stande gebracht. Viele Plätze waren unbebauet und wüste in der Stadt, welches dieselbe sehr verunzierte. Der Herr Graf von Reventlau machte mittelst eines Mandats vom 23. März Ao. 1724 die Verfügung, daß ein jeder Eigener eines wüsten Platzes solches beplanken solle, wie dann auch die Lücken in den bepflasterten Strassen, wenn es über eine halbe Quadratruthe war, von der Kämmerei, falls es aber weniger, von dem daran wohnenden Eigener des Hauses oder Platzes ausgebessert werden muste.

Mit dem öffentlichen Leihhause ging eine Hauptveränderung vor, denn nachdem solches von Privatis aufgerichtet, vom Könige Ao. 1694 aber bestätiget und mit Artikeln, so 1719 gedruckt, versehen war, wurde solches A. 1725 der Stadt zur Erweiterung des Waisen= und Armenhauses geschenkt, und zu dem Ende dem p. t. Kämmerier und einigen Bürgern die Administration, die übrige Anordnung aber dem p. t. Präsidenten übertragen; nachhero sind von Ao. 1733 an, die jedesmalige Lombertverwaltere auch vom Könige bestätiget worden.

Bishieher hatte die Stadt von auſſen Frieden gehabt, und die Hamburger hatten ſich auch ſowohl in Anſehung der Gränze als Handlung ruhig bezeiget. Es konnte aber zwiſchen dem Königl. Hauſe und Hamburg daher kein gutes Vernehmen bleiben, weilen letztere beſonders Ao. 1726 die ſogenannte Courantbanco eingeführet, und kein däniſches Geld daſelbſt mehr angenommen werden ſollte. 31) Dieſes zog nicht allein das Verbot des Hamburger Courantgeldes in Königl. däniſchen Landen, ſondern auch aller Handlung und Commerce mit Hamburg nach ſich, und es ergingen deshalb unterm 10. Decembr. 1726 und 12. Decembr. 1727 die ſchärfſten Verordnungen. Ein ſolches Verbot, wie das letztere, daß niemand im Königl. Reiche und Lände einige Waaren aus Hamburg, als aus der zweiten Hand, ſondern alles aus der erſten Hand kommen laſſen ſolle, zog insbeſondere nicht allein einige hamburgiſche Kaufleute aus Hamburg nach Altona, ſondern die hieſigen Commercirenden bemüheten ſich auch ſelbſt, aus der erſten Hand die Waaren kommen zu laſſen, und damit das nahe gelegene Holſtein zu verſehen, ſtatt ſolches vorhero von Hamburg allezeit geſchehen war. Der hieſigen Stadt brachte ſolches nicht wenigen Vortheil, ob man wol nachhero bemerken konnte, daß unter der Hand viele Kaufleute aus Hamburg bald durch dieſen, bald durch jenen Weg ihre Waaren ins Holſteiniſche zu bringen ſuchten.

Der Gränze halber zwiſchen Altona und Hamburg, war es eine Zeitlang ruhig geweſen, bis man im Jahr 1727 von hamburgiſcher Seite anfing, die Gränze wiederum, nach dem Königl. Territorio zu, erweitern

zu

---

31) Geſpräch im Reiche der Wahrheit, zwiſchen einem Dänen, Lüneburger und einigen Hamburgern, über die Münzerneuerung von Ao. 1726.

zu wollen. Die Hamburger füllten nicht allein den sogenannten Reesenteich, jenseits des Schlagbaums, der zwischen Altona und Hamburg ist, aus, sondern ließen auch (unerachtet der Oberpräsident, Graf von Reventlau, den Hamburgern drohete, den Born abhauen zu lassen,) auf Königl. Grund und Boden Pfähle einschlagen und eine Art von Vorsetzen machen; wovon sie doch, durch die von Altona aus dahin geschickte Mannschaft abgetrieben wurden. Anstatt aber, daß der hamburgische Magistrat diese Unternehmung misbilligen sollen, so meinte er vielmehr, sich über einige von altonaischer Seite ihnen geschehene Gewalt beschweren zu können, und deßfalls Satisfaction zu fordern. Diesem wurde nun freilich von Altonaischer Seite widersprochen, und der Graf von Reventlau forderte binnen einer gewissen Zeit die Wegbringung aller auf Königl. Grund und Boden eingeschlagenen Pfähle, widrigenfalls er alle Röhren und den Born abhauen lassen wollte. Dieses letztere geschah auch würklich, als man hamburgischer Seite auf die Herstellung des Attentati nicht bedacht war. Die Hamburger beschwerten sich hierüber gewaltig beim König, aber umsonst, und die Interessenten des Brunnens gelangten nach langer Zeit erst wieder zum Genuß des Wassers, da sie behutsamer verfuhren und das geschehene wieder herstellten.

Verschiedene die Policei angehende Verordnungen, wurden in diesem Jahre noch bekannt gemacht: daß nämlich keine fremde unbekannte Personen sollten beherberget werden, dadurch die Stadt mit liederlichen Leuten und Armen belästiget werden könnte; wie auch, daß zu Reinhaltung der Gassen, kein Unflath auf die Straßen geworfen werden sollte. Diesen folgten nach der Hand noch mehrere, und zur Aufnahme nehme der Handlung wurden sonst viele nützliche Anstalten vorgekehret.

Der Tod des grossen Königs Friederici IV, der Aº. 1730 erfolgte, betrübte diese Stadt sehr, als welcher durch allermildeste Begnadigungen dem elenden Aschenhaufen in eine nicht geringe Stadt verwandelt hatte. Nichts konnte sie über den Verlust trösten, als die glückliche Nachfolge des gütigsten und weisesten Königs, Christian des Sechsten; und dieser König ist es auch, der durch besondere Proben seiner gegen diese Stadt hegenden ausnehmenden Gnade selbiger ganz ungemein in die Höhe geholfen.

Gleich beim Antritt seiner glorwürdigsten Regierung, bestätigte Allerhöchstderselbe alle der Stadt überhaupt, als auch allen darin befindlichen Religionen und andern ihre Privilegia und Freiheiten, welche auch zum Theil noch würklich vermehret wurden.

Die von Dero gottseligen Herrn Vaters Majestät ergangene Verordnungen, das Verbot der Handlung mit Hamburg betreffend, bestätigten Ihro Königl. Majestät; und liessen solche die dato Kopenhagen den 10. Julii 1731 noch mehr schärfen.

Die der Stadt im Jahre 1713 allermildest ertheilten Privilegia, was die Freiheiten der Neuanbauenden betraf, liefen im Jahre 1733 zu Ende, daher Se. Königl. Majestät sub dato Friedensburg den 3. Octobr. 1732 von neuem allergnädigst bewilligten, daß derjenige, welcher ein 2 Etagen hohes Haus von Brandmauern erbauen würde, eine zwanzigjährige, von Bindwerk und gleicher Höhe eine 15jährige, und von einer Etage eine 10jährige Freiheit von allen, sowohl ordentlich- als ausserordentlichen Auflagen, geniessen sollte. [32])

Im

[32]) S. des Herrn Sachwalter Schmid historische Geschichte von Altona, Seite 85 ꝛc.

) 61 (

Im Jahre 1734 geruheten Ihro Königl. Maj. dieſe Stadt mit Dero allerhöchſten Gegenwart zu beehren, als eben die zur Kaiſerl. und Reichsarmee beſtimmten 6000 Mann die Elbe paßiren ſollten. Den Abend vorher, ehe Höchſtdieſelben wieder abreiſeten, entſtund auf dem Hamburger Berge bei einem nahe vor dem hieſigen Stadtthore gelegenem Wirthshauſe ein Tumult, wobei von der hamburgiſchen Dragonerwache einer erſchoſſen wurde. Der Wirth gedachten Wirthshauſes hatte mit dreien Königl. däniſchen Soldaten Lerm angefangen, der Sandvoigt vom Hamburger Berge war mit einigen hamburgiſchen Soldaten dieſen, dieſſeits des Schlagbaums auf Altonaiſchen Grund, nachgejagt, und hatte ſie übel behandelt. Der Pöbel ward darüber aufgebracht, das Wirthshaus wurde ſpoliret, die hamburger Dragoner feuerten auf die beim Thore poſtirte däniſche Milice, und ſo geſchahe mehr Unglück. Es wollte von hamburgiſcher Seite in einem publicirten Facto vorgegeben werden, daß die von Altona zum Tumult Anlaß gegeben; auf Königl. allerhöchſten Befehl aber ward eine Species facti zu Kopenhagen ans Licht geſtellet, worinnen mit vielen eidlich abgehörten Zeugen erwieſen wurde, daß die Hamburger die erſten Urheber dieſes Unfugs geweſen. [33] Dahingegen von hamburgiſcher Seite in einer den 30. Novembr. aus der Preſſe gefommenen Schrift von 4 Bogen das Gegentheil von neuen behauptet werden wollen. [34]

Im

[33] Siehe: Nachricht, den am 16. Junii 1734 auf dem Hamburger Berge entſtandenen Tumult betreffend, dem von hamburgiſcher Seite durch den Druck publicirten ungegründeten Facto entgegen geſetzt. Mit Beilagen No. 1 bis 3 incl.

[34] Siehe: Stadthamburgiſche Anzeigen und Anmerkungen über die zu Kopenhagen durch den Druck pub-

Im Jahre 1736 begnadigten Se. Königl. Maj. diese Stadt abermal mit Dero allerhöchsten Gegenwart, und hielten sich einige Wochen hieselbst auf.

Die Stadt Hamburg hatte durch ihre nach Kopenhagen abgeschickt gewesene Deputirte, den Hrn. Syndicum Klefecker und den Herrn Senatorem Rumpf, endlich einen Vergleich, und die damit verknüpfte Oefnung des mit der Stadt Hamburg so lange gesperrten Handels erbitten, und solche de dato Kopenhagen den 28. April 1736 zu Stande bringen lassen. Die Königl. allergnädigste Ratification dieses Vergleichs geschahe unterm 25. Junii in dieser Stadt, so wie hieselbst unterm 10. Julius ein Separatarticul getroffen wurde. Was in diesem Vergleich Altona insbesondere angehet, bestehet hierinn, daß die aus Hamburg nach Altona und Ottensen oder auch von da nach Hamburg flüchtende muthwillige Banquerottirer innerhalb 6 Wochen sich mit ihren Creditoribus vergleichen, oder keinen weitern Schutz haben sollen. Und daß die Interessenten der in Altona liegenden, vor einigen Jahren abgehauenen Brunnhölzer, bey ihrem daran erhaltenen Rechte, ohne einige Störung, beständig gelassen werden sollten; die Gränzirrungen aber sollten durch eine Localcommißion abgethan werden. Für alle solche Willfährigkeit muste die Stadt 500000 Mark laut Urkunde [35] an den König zahlen.

Das bisherige Zucht- und Werkhaus war zu klein, als daß es alles liederliche und lose Gesindel, welches hier,

licirte Nachricht, wegen eines auf dem hamburgischen Berge, als besagter Stadt Gebiete, am 16. Junii dieses Jahres entstandenen Tumults, samt dazu gehörigen Risse von bemerkter Gegend, und einer Beilage, auf Befehl E. E. Raths daselbst publicirt.

[35] S. Sachwalter Schmids Altonaische Geschichte, Seite 88 ıc.

hier, als in einem offenem Gränzorte, gleichsam zusammen floß, fassen könnte. Man muste daher auf eine Erweiterung bedacht seyn. Und da der Platz zu klein war, erwählte man den jetzigen, auf welchen das neue Zuchthaus hingesetzt, und Ao. 1737 zur Vollkommenheit gebracht wurde. Zur Verwahrung der leicht feuerfangenden Waaren, als Theer, Pech und Pulver, ward in diesem Jahre ein eigenes Theerhaus am Elbstrande, eine gute Ecke von der Stadt, erbauet und mit einer eigenen Verordnung versehen.

Die Gränzstreitigkeiten waren in der letztern Convention bis zu einer anzuordnenden Localcommission ausgesetzet. Diese nahm dahero auch in diesem Jahre ihren Anfang. Ihro Königl. Majestät hatten zu Commissarien verordnet, den Herrn Conferenzrath und Vicekanzler von Waßmer, den Herrn Landrath und Landdrosten zu Pinneberg, Herrn von Perkentin, und den Präsidenten dieser Stadt, Herrn von Schomburg, so wie von hamburgischer Seite, der Herr Syndicus Surland, der Herr Syndicus Klefecker, der Herr Senator Widow, und der Herr Archivarius von Som zu diesem Geschäfte deputiret waren. Die Conferenzien wurden auf dem Rathhause zu Altona gehalten, und nähmen den 11ten December dieses Jahres ihren Anfang. Die Stadt Altona kam hiebei in keinem weitern Betracht, als in Ansehung der Gränzen mit Hamburg, massen dasjenige, was diese Stadt besonders anging, zu einer anderweitigen Untersuchung ausgesetzt ward. Die Conferenzien dauerten bis ins Jahr 1740, in welchem unterm 17. Nov. über die Gränze zwischen Altona und Hamburg von dem Ausfluß des Scheidebachs in die Elbe von Lit. A. an, bis an den ohnferne dem Wege nach Pinneberg beim kleinen Rosenhof gesetzten Stein sub Lit. I. inclusive, wie solches die beygehende Charte ausweiset,

ein

ein Gränzvergleich errichtet, und von Ihro Königl. Maj. unterm 2. Januar 1741 ratificiret, von Hamburg aber unterm 16. Decembr. 1740 genehmiget worden. Es fehlte noch die Execution dieses Vergleichs, und diese wurde von Sr. Königl. Maj. dem nunmehrigen Herrn Conferenzrath und Präsidenten von Schoinburg, und von hamburgischer Seite dem Herrn Syndico Klefeker aufgetragen. Diese nahmen das Gränzexecutionsgeschäfte im Jahr 1744 wieder vor, sie errichteten auch unterm 11. Junii einen Executionsreceß, der von Sr. Königl. Maj. unterm 14. August, von Hamburg aber unterm 31. August ratificiret worden. Beide, der Hauptreceß von 1740 und der Executionsreceß von 1744, sind gedruckt dem Publico mitgetheilet. *6) Hierdurch sind also die seit einigen hundert Jahren zwischen dieser Stadt und Hamburg obwaltende Gränzstreitigkeiten gehoben worden.

Zur Erläuterung meiner hiebei herausgegebenen Charte, die einem jeden, sowohl hiesigen als hamburgischen Bürger, zur genauen Kenntniß ihrer beiderseitigen Gränze, wesentliche Dienste leisten wird, folget nun die Beschreibung oder Bedeutung eines jeden Grundsteins, so wie selbige in der gemeinschaftlichen Gränzcharte von Ao. 1745 von Lit. A bis I. aufgeführt stehen, auch nach dem Gränzreceß von Ao. 1740 nebst Executionsreceß von Ao. 1744 würklich errichtet worden. Nämlich.

A. Der erste Gränzstein, stehet an der Elbe bei dem Außfluß des Scheidebachs, in der Mitte, 6 Fuß von der Vorsetzung der Wittwe Vossen Erbe, (n. 1.) und ist bezeichnet mit Lit. A. 1741, und gehet

*6) Siehe Sachwalter Schmids Altonaische Geschichte, pag. 104 ꝛc.

gehet der Bach von hier zwischen den hamburgischen und altonaischen Häusern nach Norden hinauf weiter fort, bis zur ersten Einfahrt in Altona, bemerkt lit. a. und der Brücke, bezeichnet lit. b.

B. Der zweite Gränzstein, stehet in der Mitte des Scheidebachs, ohnfern der gedachten Einfahrt, zwischen dem hamburgischen sogenannten Neuen Pinnas, oder Sanders Erbe (n. 2.) und des Altonaers Thorsens Hause (n. 3.) und ist mit Lit. B. 1741. bemerket worden.

C. Der dritte Gränzstein, stehet in der Gegend der zweiten Einfahrt in Altona, lit. c. und der dasigen Brücke lit. d. mitten im Scheidebach, zwischen des Altonaers von Bahlen (n. 4.) und des Hamburgers Semmelmanns (n. 5.) Wohnung, bemerket mit Lit. C. 1741. Von hier gehet der Scheidebach ferner bis

D. Woselbst der vierte Gränzstein, bei der dritten Einfahrt in Altona, lit. e. und der dasigen Brücke lit. f. auf dem Damm in Süden, vor der Planke des Altonaers Wahls Gerberhofes (n. 6.) stehet, und mit dem Buchstaben D. 1. 1741. bezeichnet ist. Diesem ist noch ein zweiter Stein, bemerket D. 2. 1744. beigefüget, und stehet solcher, um die Gränzlinie von D. 1. bis D. 2. anzudeuten, mitten in dem verfertigten Neuen Scheide-Graben, welcher von des Altonaers Stahlbocks Hause ab (n. 7.) zwischen den ferneren altonaischen Plätzen und der hamburgischen sogenannten Herrenwiese hergehet, und solchergestalt bis zu der vierten Einfahrt in Altona lit. g. und der dasigen Brücke lit. h. continuiret. Daselbst ist

E. Der fünfte Gränzstein, in der Mitte des besagten, unter der Brücke weiter fortgehenden, neuen Schei-

Scheidegrabens aufgerichtet und mit Lit. E. 1741. bemerket. Von hier gehet solcher Graben hinter den altonaischen Gärten, in den bei der hamburgischen Kippings, nunmehr Niemanns Bleiche, annoch vorgefundenen Alten Gränz-Graben, bis zur fünften Einfahrt in Altona, lit. l. und dasigen Brücke lit. k., allwo bei

F. Der sechste Scheide-Gränzstein, in der Mitte des Scheidegrabens, zwischen des Altonaers Hingstberg (n. 8.) und des Hamburgers Niemanns (n. 9.) Erbe stehet, welcher mit Lit. F. 1. 1741. bezeichnet, und dem, nach der punctirten Gränzlinie noch ein Stein Lit. F. 2. 1744. beigefüget ist, welcher dicht vor dem Kleseckerschen Abwässerungsgraben (n. 10.) gesetzet worden. Von hier machet die sogenannte Striepe die Gränze, so daß der Theil, bemerkt lit. l. nach Altona, der übrige Theil lit. m. aber nach Hamburg gehöret. An dem Orte, wo diese Striepe aufhöret, ist der Stein Lit. F. 3. 1744. gesetzet. Von dorten ab, ist zwischen des Altonaers Wulffs Bleiche, und dem hamburgischen Prahlenhofe ein trockner Gränzgraben (n. 11.) gezogen. Dieser gehet bis

G. Als den siebenten Gränzstein, welcher an der Ecke von Wulffs Bleiche und der Norderseite des besagten hamburgischen Prahlenhofes gesetzet und mit Lit. G. 1741. bezeichnet ist. Von diesem Steine gehet die Gränze nahe an den altonaischen Häusern vor den allgemeinen Fahrweg hin, (und um diese Gränzlinie so viel deutlicher zu machen, sind zur Beibehaltung dieser Linie ordinaire Feldsteine oder Abweiser, die oben eingeschnitten sind, hingelegt worden,) bis

H.

H. Allwo der achte Gränzstein, dichte an der Planke bei dem sogenannten Bremerbier, oder altonaischen Reimers Erbe (n. 12.) stehet, und mit Lit. H. 1741. bemerket ist. Von hier gehet die Gränzlinie (gleichfalls mit eingeschnittenen Abweisersteinen) über den Fahrweg nach Eimsbüttel, bis zu dem Pfeffer-Mühlenbeck, allwo hinter demselben (dichte am kleinen Rosenhof) bei

L. Der neunte Gränzstein, mit dem Buchstaben L. 1741. bezeichnet, über dies aber, die in dem Risse punctirte Gränzlinie von C. bis H., und von H. bis L. durch die Abweiser lit. n. so viel deutlicher bemerket ist.

Auf allen besagten Gränzsteinen, deren Form auf meiner Karte 2 Stück abgezeichnet, sind nebst den Buchstaben A. bis L., nach der altonaischen Seite die Buchstaben ALT. und nach der hamburgischen Seite die Buchstaben HAMB. eingehauen.

In Absicht der Karte ist keine weitere Erläuterung nöthig, weil die Beischrift in derselben alles von selbst erkläret. Nur muß ich noch bemerken, daß ich die Häuser, welche zum hamburger Gebiete gehören, aus dem Grunde nicht schattirt habe, damit die Gränze einem jeden desto besser ins Auge falle; und wenn etwa ein genauer Untersucher mir den Vorwurf machen wollte, daß das auf der Karte befindliche hamburger Hornwerk nicht am gehörigen Orte, sondern Altona um 28 Ruthen zu nahe gezeichnet stehet, so muß ich zum voraus erwiedern, daß dies bloß geschehen, um meinen auswärtigen Lesern eine Idee von der Lage und Nähe dieser beiden Städte zu machen. Denselben wird es also angenehmer seyn, das Hornwerk mit diesem Fehler auf der Karte zu finden, als es aus Mangel des Raums ganz weggelassen zu haben. Nun wieder zur Geschichte selbst.

Der Trieb des Herrn Präsidenten von Schoms
burg, dieser Stadt in allen Stücken eine gute Verfassung zu geben, brachte ihn dahin, auf die Verbesserung der Schulanstalten zu gedenken. Der König,
welcher das Wohl seiner Unterthanen recht herzlich
wünschte, dessen Gedanken beständig dahin gingen,
wie das Reich der Unwissenheit und Barbarei unter-
treten, gute Künste und Wissenschaften aber empor
gebracht werden möchten, gab den diessfalls geschehenen allerunterthänigsten Vorstellungen gar bald Ge-
hör, und verwandelte die bisherige Stadtschule im
Jahre 1738 allergnädigst in ein Gymnasium, wovon
unten ein mehrers vorkommen wird.

Von Ihro Königl. Majestät Christian VI. ward
unterm 14. Jul. 1738 auch hieselbst ein Commerzcollegium allergnädigst angeordnet. Die Membra desselben sind gegenwärtig:

Präsides.

Ihro Excellenz der Herr Schatzmeister, Graf von
Schimmelmann.

Ihro Excellenz der Herr Geheimde Rath und Oberpräsident von Gähler.

Mitglieder.

Herr Etatsrath und Bürgermeister Baur.
- - Etatsrath und Bürgermeister Gries.
- - Justizrath Matthiesen.
- - Ernst Christian von Maack.   ⎫
- - Johann Hinrich Matthiesen.   ⎪
- - Matthias Matthiesen.   ⎬ Handlung trei-
- - Gysbert van der Schmissen.   ⎪ bende Bürger.
- - Lucas Ovens Beets.   ⎪
- - Peter Rode.   ⎭

Secretair.

Herr Syndicus und Stadtsecretair Gähler.

Ihro Königl. Majestät geruheten Ao. 1740, bei Ihrer Anwesenheit in Holstein, Altona auf einige Stunden mit Dero allerhöchsten Gegenwart zu begnadigen, in welcher Zeit Allerhöchstdieselben die Anstalten des hiesigen Gymnasii, das Zucht- und Werkhaus, Theatrum Anatomicum, auch Armen- und Waisenhaus, allermildest in Augenschein nahmen.

Es fehlte noch an einer geräumlichen evangelischen Kirche, denn die alte war zu klein, als daß sie die Menge der Einwohner dieser Religion fassen konnte, ja sie drohete auch den Einfall, daher muste nothwendig an die Erbauung einer neuen gedacht werden, welches auch im Jahre 1742 bis 43. mithin binnen Jahresfrist, auf eine fast unerhörte Weise, durch die guten Veranstaltungen des Herrn Präsidenten, geschahe.

Die göttliche Vorsehung hatte unserm theuersten Kronprinzen eine Gemahlinn aus dem Königl. Großbritannischen Hause bestimmet, und das Glück war der Stadt Altona so günstig, daß es Sr. Königl. Hoheit gnädigst gefiele, Dero Durchlauchtigste Prinzeßinn Braut hier in Altona zu Ausgange des 1743sten Jahres zu empfangen. Nicht wenig Freude entstand hierüber bei den allergetreuesten Unterthanen, und ein jeder dachte schon auf Erfindungen, seine innigste Freude darüber zu Tage zu legen. Se. Königl. Hoheit kamen einige Tage vor der Prinzeßinn Braut Königl. Hoheit, welche den 17. Novembr. ankamen. Ersterer traten in dem Regemannischen Hause in der Palemaille, Letztere aber in des Herrn Präsidenten Hause in der Elbstraße, ab. Die ganze Stadt war denselben Abend, und noch zwei folgende darauf, illuminiret. Se. Königl. Hoheit, der Kronprinz, besahen das Gymnasium, und erlaubten, daß der Königl. Kanzeleiassessor und öffentlicher Lehrer des Staatsrechts,

Herr Detharding, in Dero höchsten Gegenwart eine Rede halten durfte. Sie warteten den Gottesdienst in der neuen evangelischen Kirche mit ab, besahen die Bibliothek, das Theatrum Anatomicum und andere öffentliche Gebäude, und liessen sich's nebst der Prinzeßinn Braut Königl. Hoheit gnädigst gefallen, daß Ihnen im Namen des Gymnasii ein Gedicht überreichet werden durfte.

Beiderseits Königl. Hoheiten fuhren einigemal in Begleitung eines Detachements Küraßierer nach Hamburg in die Opera, da denn wegen der späten Rückkehr aus Hamburg die Thore so lange offen blieben: und unter Begleitung von tausend Wünschen für das Wohl dieses hohen Paars reiseten sie endlich von Altona nach Kopenhagen.

Im Jahr 1746 den 31. Octobr. traten Sr. Excellence, der Herr Geheimde Rath Graf von Ranzau zu Ascheberg, das Oberpräsidium hieselbst an.

Ueber den Tod des gütigst und weisesten Königs, Christian des Sechsten, ward die Stadt Altona den 6. August 1747 in die äusserste Betrübniß gesetzt, und nur durch die glückliche Nachfolge des von seinen sämtlichen Unterthanen schon als Kronprinz durchgängig geliebten Königs, Friederich des Fünften, konnte diese Betrübniß verschmerzet werden.

In dem 1748sten Jahr begnadigten Ihro Königl. Maj. diese Stadt auf einige Tage mit Dero allerhöchsten Gegenwart. Sie wurden bei Dero hieselbst freudenvollen Ankunft, von einem Commando Kürassier, und der aus wohlhabenden Bürgern neuerrichteten sogenannten grünen Garde, escortirt, und die ganze übrige Bürgerschaft, stund mit ihren Fahnen längst den Straffen, bis an das Königl. Quartier,

tier, unter Gewehr. Es war eine prächtige Ehrenpforte erbauet, und sämtliche Häuser der Stadt alle Abend aufs schönreichste illuminirt. Einige Tage nachher ritten Ihro Königl. Maj. mit Dero hohen Suite nach Hamburg, um die vorzüglichsten Strassen dieser Stadt in hohen Augenschein zu nehmen, und wurden von einem Commando Kürahierer escortirt; bey welcher Gelegenheit die Menge der Menschen unglaublich groß war, die nicht unterliessen, diesem von seinem Volke so sehr geliebten Könige, ein tausendfaches Vivat! zuzurufen. Ausserdem geruheten Ihro Majestät alles Merkwürdige hieselbst in genauen Augenschein zu nehmen, und reisten sodann unter den treusten und eifrigsten Segenswünschen nach Kopenhagen zurück.

Zur Erhaltung der Ordnung, Policei und Sicherheit der Stadt, ward nach Königl. allerhöchster Genehmigung, abseiten des Oberpräsidii, unterm 2. Januar 1749 eine Wachtordnung durch den Druck bekannt gemacht, wodurch die Bürgerschaft in Compagnien, Corporalschaften rc. getheilet, und also die jetzigen 22 Bürgercompagnien etablirt wurden, wovon alle Winterabende eine ganze Compagnie aufziehen muß, um die nöthige Patrouillen zu machen.

Sr. Excellence der nunmehrige Herr Geheimde Rath, Oberkammerherr und Curator der Academie zu Kiel, Graf von Reventlau, traten im April 1749, als damaliger Kammerherr, das Oberpräsidium hieselbst an.

Durch eine Königlich allerhöchste Verfügung ward in dem 1751sten Jahre bei dem Gymnasio die Veränderung gemacht, daß das bisher mit demselben verbunden gewesene Paedagogium, davon getrennet seyn sollte, wovon unten ein mehreres folgen wird.

Im Maymonat Ao. 1751 erhielte die Stadt Altona Se. Excellence, den jetzigen Herrn geheimen Conferenzrath und Probsten des adelichen Klosters zu Uetersen, von Qualen, als damaligen geheimden Rath, zum Oberpräsidenten.

Das folgende Jahr, nämlich im Junio Ao. 1752, hatten sämtliche hiesige Einwohner die Freude und das Glück, ihre jetzige geliebte Landesmutter, die nunmehr verwittwete Königin, Juliana Maria, als Königl. Braut, hieselbst ankommen zu sehen. Zur Bezeigung der innigsten Freude, waren sämtliche Häuser und theils Gärten der Stadt des Abends aufs schönste illuminirt. Worauf Allerhöchstdieselben mit den treusten und aufrichtigsten Seegenswünschen sämtlicher Einwohner von hier nach Kopenhagen abreiseten.

In dem Jahre 1756, da Ihro Königl. Majestät in Holstein waren, begnadigten Allerhöchstdieselben diese Stadt gleichfalls jedesmal auf einige Tage mit Dero allerhöchsten Gegenwart.

Altona, nebst ein jeder fühlbarer und treuer Unterthan des gantzen Reichs, wurden den 14. Januar 1766 durch den Sterbfall ihres innigst geliebten Königs, Friederich des Fünften, äusserst betrübet. Es verlohr an Ihn den allervollkommensten Monarchen den allerliebsten Landesvater und den grossen wahren Menschenfreund. Nichts konnte sie über diesen grossen Verlust trösten, als die glückliche Nachfolge des allermildesten Königs Christian des Siebenten. Allerhöchstdieselben haben bey Antritt Dero glorreichen Regierung nicht nur sämtliche Privilegia und Freiheiten der Stadt allergnädigst bestätiget, sondern ihr auch zur fernern Aufnahme mit noch mehrern herrlichen Vorzügen allerhuldreichst zu versehen geruhet, welche nicht allein Altonas künftige Grösse und Flor

zum

zum Endzweck haben, sondern überdem eines jeden wirksamen und thätigen Bürgers Glückseligkeit die allerwahrscheinlichste Gewisheit verspricht.

Nach dem in diesem Jahre erfolgten Abgang Sr. Excellence des Herrn geheimden Conferenzraths von Qualen, welchen Ihro Königl. Maj. zu Dero Ober-Landdrosten in Oldenburg ernannten, ward das Oberpräsidium Sr. Excellence dem Herrn Geheimenrath von Gähler, dessen sehr schätzbares Lebens sich die Stadt noch erfreuet, allergnädigst übertragen, doch von Deroselben erst im Junio 1767, nach Dero Zurückkunft von Ihrer Gesandschaft in Constantinopel, angetreten, da mitler Zeit es von dem weiland Etatsrath und ersten Bürgermeister Bauer verwaltet worden.

In demselben Jahre wurde hieselbst eine Heringsfischerei unter dem Namen: Königl. octroyirte altonaische Heringscompagnie, errichtet, welche bis in Ao. 1775 von Particuliers fortgesetzet wurde. Weil aber diese Unternehmung den Interessenten nicht die davon erwartete Ausbeute gab, und der König diesen dem Lande so sehr nützlichen Handlungszweig nicht wieder entreissen wollten, so wurde durch eine Convention dem Könige die sämtliche Effecten dieses Instituts überlassen, und seitdem wird diese Fischerei für Rechnung Sr. Maj. des Königs alleine betrieben. Hoffentlich wird es meinen Lesern nicht unangenehm seyn, wann ich diesen so nützlichen Fischfang umständlicher berühre. Der Fang geschiehet unter Hittland, an den Stellen, wo seit vielen Jahren die Holländer den Heringsfang betreiben lassen. Das Einsalzen, die Packung, das Sortiren und alle übrige Zubereitung der Heringe, geschiehet auf die nämliche Weise, wie bei den Holländern, und dahero werden auch diese Heringe unter den bekannten Namen: Flämische Heringe, genannt. Da nun in der Zubereitung derselben, das dazu dienlichste und beste Salz angeschaffet und verbrauchet wird, überdem die Tonnen von sehr guten, gesunden und trockenem Eichenholze verfertigt werden, auch überhaupt eine grosse Genauigkeit bei dem Anwenden des Salzes, in Ansehung der Quantität, beobachtet wird; so sind auch diese Heringe in der Güte denen holländischen nicht allein vollkommen gleich, sondern auch in Betracht ihrer Dauer diesen vorzuziehen, um so mehr, da bei diesem Institut abseiten dessen Direction nichts aus der Acht gelassen wird, was, bei einer nützlichen Sparsamkeit, zugleich dessen Aufnahme befördern kann. Das Salzen der Heringe geschiehet auf den Herings- oder Buysschiffen mit der größten Hurtigkeit, so, daß alle gefangene Heringe noch vor Sonnen Untergang in Salz kommen. Vor Abgang der zwei ersten Jäger werden alle Heringe, ohne sortirt zu seyn, gesalzen. Wenn aber diese beiden Jäger expedirt sind, werden sie sortiret und nicht allein stärker gesalzen, sondern auch schärfer aufgepackt, als diejenigen, so mit den zwei ersten Jägern abgesandt worden. Bei dem Sortiren also entstehen 3 Sorten von Hering, nämlich: 1) Voll-Hering, wovon der Bauch einer jeden Tonne mit V bezeichnet. Dann 2) Matjen-Hering, der mit M, und endlich 3) Ylen-Hering, so mit Y bezeichnet wird. Die erste Sorte fällt groß, ist anfangs zum Genuß nicht angenehm, in der Dauer aber die vorzüglichste. Die zweite Sorte hingegen ist anfangs, weil sie etwas kleiner fällt, desto angenehmer und schmackhafter, und die dritte Sorte, nämlich Ylen-Hering, ist, weil solcher magerer als der Matjen, auch schlechter. Zu Anfang der alljährigen Fischerei, und bevor die zwei ersten Jäger von den Buysen mit den eingenommenen Heringen abgehen, werden die Tonnen, so wie sie das erstemal gepackt sind, mit diesen

Jä-

Jägern abgesandt; von welchen 16 Tonnen (Seestücks genannt) auf eine Last von 12 Tonnen gepackten Hering gerechnet werden. Wenn aber diese beiden Jäger abgesandt worden, so sind die Schiffer gehalten, nachdem die Heringe 4 oder 5 Tage im Salze gelegen, sämtliche Tonnen wieder zu öfnen, und sie so scharf, als möglich, abzupacken, wornach 14 Tonnen solcher aufgepackten Heringe (Seepack genannt) eine Last beträgt. Nach Ankunft bei der Stadt, bei noch fester und schärferer Aufpackung aber 12 Tonnen eine Last gepackten Hering ausmachen. Bei Ankunft der ersten neuen Heringe, werden solche Stückweise in kleinen Fustagen, von 6 bis 24 und 30 Stück, in $\frac{1}{8}$, $\frac{1}{4}$, $\frac{1}{2}$ und ganze Tonnen verkauft. Diese sind, wie obgedacht, von den nur einmal gepackten Heringen, nemlich Seestücks, wovon 16 Tonnen auf eine Last gerechnet werden. Wird aber bei dem Verkauf gepackte Waare verlangt, so wird auch der Preiß darnach bedungen, und dann geschiehet die Packung nach der gehörigen Art. Nach Zurückkunft der Buysschiffe löschet und liefert ein jedes Schiff seinen Fang auf den Räumen des Instituts ab. Nach geschehener Ablieferung wird die ganze Quantität Heringe eines jeden Schiffes Tonnenweise geöfnet und nachgesehen, da alsdenn derjenige Hering, so für gut befunden, an seinem besondern Orte aufgelegt wird, derjenige aber, so packellos oder mit sonstigen Fehlern befunden, gewrackt, und nach dessen Beschaffenheit entweder zu einzelnen oder doppelten Wracken gemacht. Es verstehet sich von selbsten, daß bei Nachsicht der Ladungen, die vorhin beschriebene Sorten von Heringen, so wie sie sich, nach Angabe der Schiffer, darunter befinden, sehr sorgfältig sortiret, gezeichnet und vor sich hingelegt werden, worunter auch diejenigen einzelnen oder doppelten Wracken, die sich beim Nachsehen einer jeden Ladung hervor thun, zu verstehen, sind. Die Anzahl der Schiffe, so zu dieser Heringsfischerei von dem Institute gegenwärtig unterhalten und jährlich ausgerüstet werden, sind 28 Stück, nämlich 25 Fischer- oder Buys- und 3 Jägerschiffe. Obgedachtermassen stellen die Buysschiffe ihren Fang, wie die Holländer, unter Hittland an, wohin sie auch zu dem Ende von hier zur bestimmten Zeit abgehen. Die 3 Jägerschiffe folgen mit ihnen, und sobald die Fischerei angefangen, beeifern sie sich, den Buysen die gefangene Heringe, so schleunig, als möglich, abzunehmen. Sobald nun der erste Jäger die ihm vorgeschriebene Quantität in seinem Schiffe übernommen hat, segelt er eiligst damit nach Altona ab; alsdenn übernimmt der zweite Jäger von den Buysen auch die für ihn bestimmte Quantität, und setzet seine Reise damit gleichfalls nach Altona fort. Der dritte Jäger aber suchet alsdenn die ihm vorgeschriebene Quantität Heringe von den Buysen zu erhalten, und nachdem er solche übernommen, segelt er directe auf den für ihn bestimmten Hafen nach der Ostsee ab. Sobald die zwei ersten Jäger ihre Ladungen zu Altona abgeliefert, segeln sie ungesäumt wieder nach den Buysen zurück, und übernehmen dasjenige an Heringen, was währender Zeit gefangen, und wenn sie eine bequeme Ladung davon eingenommen, segeln sie damit abermals nach Altona. Bei dieser zweiten Reise bringen sie schon sortirte, und aufgepackte Heringe in Seepack, wovon, wie obgedacht, 14 Tonnen auf eine Last gehen, mit. Der Debit dieser flämischen Heringe geschiehet nicht allein, wie vorhin gesagt, Stückweise, und in verschiedenen Fustagen, sondern auch nachgehends bei Lastenweise, sowohl in den dänischen als entferntesten Landen. Jedes von den vorgedachten Buysschiffen kann zwischen drei bis vierhundert Tonnen laden; hieraus ersiehet man die Grösse eines solchen

chen Schiffes. Zu einem vollständigen Fletz sind 50 Netzen erforderlich, und wenn solche angesetzt, ausgespannt und in See geworfen sind, nehmen sie beinahe eine Distance von 750 Klaftern ein; wenn also alle 25 Buysen ihre Netze in einer graden Linie auf einmal auswürfen, würde eine Etendue von $4\frac{1}{2}$ mittlere deutsche Meilen, oder 112500 Fus, mit Netzen besetzt seyn. Daß noch mehrere und fast unzählige nothwendige Sachen, im Kleinen wie im Grossen, zu dieser Fischerei, als bloß Buysenschiffe und Netze erforderlich sind, wird ein jeder sich sehr leicht vorstellen können. Von den 3 Jägerschiffen können zwei, jedes 250 Tonnen, das dritte hingegen 500 Tonnen laden. Zu der Expedition der Jägerschiffe sind 7 bis 8 Mann, hingegen auf jede Buyse 13 Mann zur gehörigen Bemannung, mithin überhaupt 349 Mann erforderlich. Das Institut hat ein Etablissement von 3 Wohnerben, die jedoch nur mit 2 Wohnhäusern, aber 3 Packräumen bebauet sind. In dem einen ist das Comtoir angelegt, das übrige davon, als auch das zweite Wohnhaus, ist zur Bewohnung der Bedienten. Die 3 Packräume aber, und die darunter befindlichen Keller, sind zur Aufbewahrung der Schiffs-Inventariensachen, und was dahin gehöret, imgleichen zu den Fischergeräthschaften, Salz und Vorrath von Hering ꝛc. eingerichtet, auch überhaupt sehr bequem, da solche hart an der Elbe belegen sind. Ueberdem sind zu den Inventarienstücken und Fischergeräthen eines jeden Schiffes, eigene abgesonderte Behältnisse, so, daß die ganze Einrichtung so bequem und nützlich, als möglich, gemacht ist. Es hat auch dieses Institut ihre eigene Küperei, welche von einem Küpermeister, der zugleich Wracker, und dem die Packung und Sortirung der Heringe anvertrauet ist, vorgestanden wird. Durch nie unterlassene Sorgfalt für den Ankauf von

gu-

guten, gesunden und trocknen Holze und bei beobachtender genauen Aufsicht, giebt diese Küperei den unleugbarsten Nutzen und Vortheil, daß die erforderliche Tonnen und Fustagen auf das bestmöglichste verfertiget werden. Wenn gleich dieses Institut den vormaligen Interessenten, so wie bei jeder neuen Unternehmung gewöhnlich ist, nicht den erwarteten Vortheil gegeben hat; so ist es doch in Betracht der vielfältigen Bedürfnissen und Sachen, so zu dieser Fischerei erforderlich sind, und wobei, ausser den zu den Buysen benöthigten 349 Mann Seeleuten, Becker, Brauer, Brenner, Zimmethandwerker, Reepschläger, eine sonstige Menge von Handwerks- und Arbeitsleuten, alte und junge, grosse und kleine, ihren Verdienst und Nutzen haben, auch unstreitig gewiß, daß dieses für die Stadt Altona und den Königl. dänischen Landen, in allen Betracht ein sehr nützliches Institut sei. Die Königliche Direction desselben bestehet: in Sr. Hochgräflichen Excellence und Schatzmeisters, des Herrn Grafen von Schimmelmann, Sr. Excellence des Herrn geheimen Raths und Oberpräsidenten von Gähler, und den Herrn Justizrath Peter Matthiesen. Ferner hat es einen Buchhalter, einen Materialverwalter und einen Gehülfen.

Ao. 1767 den 30. Junii kamen Ihro Königl. Maj. zur unbeschreiblichen Freude der ganzen Stadt in Altona an. Sie wurden von einem Commando Grenadier und Dragoner, Dero schönen Leibregiment Dragoner, wie auch von den sogenannten grünen und paille Bürgergarden mit ihren Pauken und Estandarten, escortirt. Die übrige ganze Bürgerschaft, 22 Fahnen stark, standen längst der Johannes- Berg- Königs- und Palemaillestrasse im Gewehr. In der Palemaille war eine geschmackvolle Ehrenpforte erbauet, wovon sich ein vortrefliches Corps Musicanten
hö-

hören ließ. Ihro Majestät geruheten in Sr. Excellence des Herrn geheimen Raths und Oberpräsidenten von Gähler Behausung abzutreten. Hier hatten ein jeder schicklicher Unterthan und viele tausend Fremde täglich das Glück, den liebreichsten Monarchen öffentlich speisen zu sehen. Die Palemaille, die obgedachte Ehrenpforte, alle Häuser der Stadt, nebst theils Gärten, waren wetteifernd aufs sinnreichste und schönste alle Abend illuminiret. Einige Tage nach Dero allerhöchsten Ankunft geruheten Ihro Königl. Majestät, unter Begleitung Dero hohen Suite und Escortirung eines Commandos Grenadiers und Dragoner von 80 Pferden, des obgedachten schönen Leibregiments, die vorzüglichsten Strassen Hamburgs, zu Pferde in hohen Augenschein zu nehmen. Das Gedränge und die Menge der Zuschauer war unglaublich groß, und dennoch ward durch die gute Vorsorge des dortigen Magistrats die äusserste Ordnung daselbst erhalten, und ausserdem fuhren Ihro Königl. Maj. unter Escortirung eines Commandos Grenadiers und Dragoner verschiedenemalen nach Hamburg in die Comödie.

In dem 1758sten Jahre begnadigten Sr. Königl. Majestät diese Stadt abermals mit Dero allerhöchsten Gegenvart, blieben einige Tage hier, und gingen sodann über die Elbe, um eine Reise nach Engelland, Frankreich und Holland zu machen. Woher Sie Anfangs des Januarmonats 1769 zur größten Freude eines jeden treuen Unterthans, hieselbst glücklich und wohl retournirten, sodann nach einiger Tagen Aufenthalt unter den innigsten Seegenswünschen von hier nach Kopenhagen zurück reisten.

Der hiesigen portugiesischen Judengemeine, die auch schon seit Ao. 1641 hieselbst privilegirt gewesen, ward unterm 22. März 1771 allergnädigst verstattet,

eine

eine eigene Synagoge zu erbauen; des Endes sie besondere Privilegia erhielten, die unten wörtlichen Inhalts folgen werden.

Annoch ward in diesem Jahre von verschiedenen Interessenten, nach erhaltener allergnädigster Erlaubniß, ein sogenanntes Lotto di Genova, unter dem Namen: Königl. octroyirte altonaische Zahlen-Lotterie, hieselbst errichtet. Mit Ausgange 1772 aber kamen die Interessenten überein, es Sr. Maj. dem Könige zu überlassen, und seitdem wird es für königl. Rechnung betrieben, und der etwanige Ueberschuß zu nützlichen Anordnungen angewandt.

Abseiten des Oberpräsidii ward unterm 28sten Decembr. 1771 durch ein gedrucktes Patent bekannt gemacht: daß Ihro Königl. Majestät die Privilegien und Freiheiten der Stadt Altona unterm 23. August des gedachten Jahres, allergnädigst zu extendiren geruhet hätten. Vielen von meinen Lesern wird es vielleicht lieb seyn, das Patent wörtlichen Inhalts zu haben, dahero es hier folget:

Da Ihro Königl. Majestät zu Dännemark, Norwegen rc. rc. um die Handlung und das Gewerbe der Stadt Altona immer mehr in Aufnahme zu bringen, sich allergnädigst bewogen gefunden, die den Einwohnern dieser Stadt aus landesväterlicher Huld von Zeit zu Zeit verliehenen und schon ehemals durch den Druck öffentlich bekannt gemachten Privilegien und Freiheiten nunmehro noch durch eine unterm 23. August dieses Jahres allerhöchst genehmigte weitere Extension, der denen hieselbst sich niederlassenden Fremden zugestandenen Abzugsfreiheit zu vermehren, zugleich aber auch für dienlich erachtet worden, bei Publicirung dieser Extension ebenfalls die erwehnten übrigen den hiesigen Einwohnern allerhuldreichst be-

wil-

willigten Vorzüge und Freiheiten, da solche vielleicht bei Auswärtigen hin und wieder in Vergessenheit gekommen seyn dürften, von neuen öffentlich bekannt zu machen, so werden gedachte sämtliche Puncte hiedurch nachstehendermassen zu jedermanns Wissenschaft gebracht.

1. Es können alle Religionsverwandte in Altona wohnen, und haben nicht zu besorgen, ihres Glaubens wegen zur Rede gesetzet zu werden; wie denn auch überdies allen und jeden eine freie Religionsübung zugestanden wird.

2. Demnächst haben besagte sämtliche Religionsverwandte, sie seyn Deutsche, Niederländer, Franzosen, Engelländer, Schottländer, Portugiesen, oder einer andern Nation, ausser der erwehnten freien Religionsübung auch den Vortheil zu geniessen, daß ihrer Prediger, Kirchen- und Schulbedienten Häuser von den Contributions- oder so genannten Quartalsabgiften frei sind, imgleichen, daß die Prediger, Kirchen- und Schulbediente mit den Bürgerwachten und der Concurrenz zu den übrigen Stadtwachten und der Reinhaltung der Gassen nicht beschwehret werden.

3. Die Juden deutscher Nation haben in Altona ihre Synagoge und ihren Kirchhof; auch ist ihnen erlaubt, alle Handthierung im Handel zu treiben; wobei sie noch mehr andere besondere Privilegia besitzen.

4. Die portugiesischen Juden haben ebenfalls eine Synagoge und einen Kirchhof, können auch gleich andern Einwohnern das Bürgerrecht in Altona gewinnen, und sind übrigens vor kurzem mit besondern sehr vortheilhaften Privilegien begnadiget worden.

5. Allen Kauf- und Handelsleuten, wie auch Künstlern und Handwerkern von allen Nationen ist erlaubet, sich in Altona niederzulassen, und nach Gewin-

- nung

nung des auf sehr geringe Gebühren gesetzten Bürgerrechts ihr Gewerbe ungehindert zu treiben; wobei den Handwerkern frei stehet, ob sie sich als Amtsmeister in die vorhandenen Zünfte und Aemter (unter welchen jedoch die Barbierer, Goldschmiede und Schlachter eine geschlossene Zahl haben,) hinein begeben, oder ihr Gewerbe als Freimeister treiben wollen, in welchem letztern Falle, keinem etwas weiter zugemuthet wird, als daß er zum Beweise seiner Geschicklichkeit ein Meisterstück verfertige.

6. Alle und jede fremde Waaren, nebst Holz, Getreide und andern Victualien, können ohne Erlegung einigen Zolls, Licents oder Accise zu Altona eingebracht und von da wieder weg transportiret werden. Hiervon sind bloß die fremden Getränke, als Wein, Franzbrantewein, Bier und Eßig nebst dem Schlachtvieh ausgenommen, als von welchen, wenn sie nicht wieder versandt, sondern hier consumiret werden, eine sehr leidliche Accise erlegt wird.

7. Allen fremden sowohl als sämtlichen dänischen Unterthanen, ist erlaubt, mit ihren Schiffen zu Altona anzulegen, den dasigen Bürgern ihre Waaren (fremde Heringe und Kornbrantewein ausgenommen) feil zu bieten, und alles Benöthigte von den Altonaern wieder zu erhandeln.

8. Den Altonaern ist verstattet, allerhand Manufacturen, sie mögen Namen haben, wie sie wollen, anzulegen, und die fabricirten Waaren, ohne Erlegung einigen Zolls zu Altona, von da zu verführen und zu verhandeln.

9. Alles was hiesige Einwohner zum Behuf ihrer Manufacturen und Fabriquen von nöthigen rohen Waaren, oder auch an Victualien zur hiesigen Consumtion gebrauchen, kann aus den Herzogthümern,

Schles=

Schleswig und Holstein, frei von dasigen Zöllen und andern Imposten nach Altona paßiren; wie denn auch, wenn die daraus verfertigte Sachen in gedachte Herzogthümer gebracht werden, selbige bei dasigen Königl. Zollstätten durch besondere Privilegien sehr begünstiget sind. Gleichergestalt

10. Ist auch für die zu Altona fabricirten Waaren, wenn selbige in die Königreiche Dännemark und Norwegen eingeführet werden, eine beträchtliche Erniedrigung des Zolles zugestanden worden.

11. Die Commercirenden zu Altona sind wegen ihrer eigenthümlichen Schiffe von den Last- und Ranzionsgeldern daselbst befreiet, und wenn sie mit solchen oder andern Königl. Unterthanen zugehörigen Schiffen Waaren aus der ersten Hand nach Altona bringen, und von da wieder nach Norwegen verschiffen lassen, so werden diese bei den Zollstätten in Norwegen als Waaren, die directe aus der ersten Hand hinkommen, angesehen, und können als solche daselbst eingeführet und verzollet werden.

12. Die Altonaer sollen im Oeresund und bei andern Königl. Zollstätten keine höhere Zölle bezahlen, als andere dänische Unterthanen.

13. Die Altonaer haben das Recht, das nach Altona gebrachte Korn, ehe es Auswärtigen angetragen und in fremde Schiffe gebracht wird, für couranten Preiß an sich kaufen zu können.

14. Sie sollen auch mit aller Einquartierung von Soldaten, ausser in dem Fall der höchsten Nothwendigkeit, verschonet bleiben.

15. Auch mögen sie an einem bequemen Orte, ohngefähr eine Viertelmeile hinter der Stadt, ungehindert Thran brennen.

16. Ueberhaupt soll in Altona ein freier Handel ohne alle Monopolia getrieben werden.

17.

17. Zur Beibehaltung des Credits und zur Beobachtung einer prompten Justiz wird das Wechselrecht ohne Ansehen der Person unverzüglich in Altona gehandhabet.

18. Wenn einer in Altona ein neues Haus von Brandmauern, zwei oder mehr Etagen hoch, es sei auf einem wüsten Platze oder statt eines abgebrochenen alten Gebäudes, erbauet, so hat er in Ansehung sothanes Hauses, er mag es selbst mit seiner Familie bewohnen oder an andere vermiethen, in 20 Jahren, eine gänzliche Freiheit von den Contributions- und Quartalsabgiften zu genießen, welche Freiheit auch auf Häuser, die von Bindwerk und gleicher Höhe erbauet werden, in 15 Jahren, nichtweniger für neuerbaute Häuser von 1 Etage hoch, und ferner für alte Häuser, die mit einer Etage verhöhet worden, in einer 10jährigen Frist, statt finden.

19. Endlich soll auch ein jeder in Altona sich zu wohnen begebender Fremder, ohne bei seiner Ankunft seinen Vermögenszustand oder die eigentliche Beschaffenheit seines zu treibenden Handels oder Gewerbes bei der Kämmerei oder sonst anzeigen zu dürfen, nicht bloß, wie ehemals verfüget worden, innerhalb 10 Jahren, sondern auch später und zu allen Zeiten befugt seyn, mit seinem mitgebrachten oder auswärts ererbten, oder in Altona erworbenen Vermögen, ohne den geringsten Unterschied Abzugsfrei wieder hinweg zu ziehen. Altona im Oberpräsidio, den 28. Decembr. 1771.

S. W. von Gähler.

In dem 1771sten Jahre ist aus Königl. allerhöchster landesväterlicher Vorsorge eine Münze hieselbst verordnet. Das neue ansehnliche Münzgebäude ist indessen erst in dem Jahre 1776 unter der Direction des

des Königl. Herrn Etatsrath und Münzdirectors Knoph, von dem Königl. Baumeister Rosenberg aufgeführet worden, wovon unten mehr folget.

Laut einer Königl. allerhöchsten Verfügung ist auch in gedachtem Jahre, die im Jahr 1751 verfügte Trennung zwischen dem Gymnasio und Pädagogio völlig und auf immer abgeschaft, und beide Anstalten unter dem alleinigen Namen des Gymnasii, auf das engste verbunden, wovon unten ein mehreres gedacht werden wird.

Unter der Großmeisterschaft Sr. Hochfürstl. Durchl. des Herrn Herzogs Ferdinand zu Braunschweig-Lüneburg ꝛc. ward in dem 1776sten Jahre den 19. Junii in Vollmacht Sr. Hochfürstl. Durchl. des Herrn Landgrafens und Prinzen Carl von Hessen, Feldmarschall der Königl. dänischen Armeen, Stadthalter beider Herzogthümer, Schleßwig und Holstein, Provinzial-Großmeister sämtlicher in den Königl. dänischen Staaten vorhandenen Freimäurer-Logen, auch zu Altona eine Freymäurer-Loge unter dem Wappen und Namen: *Juliana zu den 3 Löwen*, nach Maurer Sitte feierlichst errichtet. An diesem feierlichen Tage, nahmen eine grosse Menge Mitglieder der vereinigten Logen in Hamburg, *Absalom zu den 3 Nesseln, St. Georg zur grünenden Fichte* und *Emanuel zur Mayenbluine*, hieselbst den fröhlichsten Antheil. Merkwürdiger Tag! glückliches Altona! da dein mit Silberhaaren geziertes ehrenvolles Oberhaupt, sich zur angenehmsten Pflicht macht, für dich mit Schurzfell und Hammer zu arbeiten.

Durch eine allergnädigste und landesväterliche Verordnung vom 11. Octobr. 1776, als am hohen Geburtstage Ihro Königl. Hoheit des Erbprinzens Friederich, ward hieselbst eine Species-Giro- und Leih-Bank fundiret. Sie wurde aber zugleich mit den neuen Börsensaal, erst den 2. Januar 1777 eröfnet, weil ihre innere Einrichtung diesen Aufschub verursacht hatte. Die Einrichtung derselben kann aus der Königl. allerhöchsten Verordnung mit mehrern ersehen werden, und ist überdem die allergnädigste Verfügung gemacht, daß die Mark fein Silber, statt nach der Verordnung mit 27 mß 12 ß Banco angenommen und ausgegeben zu werden, nur für 27 mß 10 ß Banco angenommen, aber zu 27 mß 12 ß Banco wieder ausgegeben wird. Bei jedesmahliger Schließung der Bank, ist es bis dahin von der Bankdirection einem jeden erlaubt worden, am Schlußtage bis des Abends 10 Uhr auch unter 100 mß abzuschreiben, und übrigens ist zu bemerken, daß in dieser Banke von eingebrachten und ausgenommenen Species kein Agio gegeben noch genommen wird. Da die deßfalls gedruckt herausgekommene allerhöchste Verordnung rar zu haben, so glaube ich bei meinen Lesern Dank zu verdienen, wenn ich dieses interessante Stück hier wörtlichen Inhalts mittheile. Sie lautet also:

Wir Christian der Siebente ꝛc. ꝛc. Thun kund hiemit: Demnach Wir, zur Beförderung der Handlung in Unsern Reichen und Landen überhaupt, und insbesondere zur Aufnahme Unserer Stadt Altona und zur Bequemlichkeit der dasigen Kaufmannschaft, eine Species: Giro- und Leihbank, durch das altonaische Commerzcollegium errichten, und am 2. Januar des bevorstehenden 1777sten Jahres eröfnen lassen, allergnädigst beschlossen haben; so finden wir es nöthig, diesem Institute, um mit demselben Unsere landesväterliche Absicht desto sicherer zu erreichen, nachgesetzte Bestimmung und beständige Einrichtung zu geben.

§. 1. Die ganze Direction der altonaischen Species: Giro- und Leihbank, soll aus neun Mitgliedern,
näm-

nämlich dem jedesmaligen Oberpräsidenten, einem Mitgliede des Commerzcollegii und einer Magistratsperson, wie auch sechs Handlung treibenden Kaufleuten und Bürgern der Stadt, als Bankcommissarien beistehen.

§. 2. Die Magistratsperson und zween der aus den Handlung treibenden Kaufleuten und Bürgern genommene Bankcommissarien, sollen täglich zu der Zeit, da es nöthig ist, in der Bank gegenwärtig seyn, und die administrirende Direction ausmachen.

§. 3. Jeder von diesen dreien soll, so wie der Caßirer, zum Gewölbe selbst, und zu den verschlossenen Kisten in demselben, einen Schlüssel haben, und das Gewölbe sowohl, als die Kisten, mit drei verschiedenen Schlössern versehen seyn, damit keiner ohne den andern dazu kommen könne; auch sollen sie wohl darnach sehen, daß alles immer gehörig und sicher verwahret sei.

§. 4. Jeden Sonnabend versammlet sich die ganze Direction, um die vorkommenden Angelegenheiten in gemeinschaftliche Deliberation zu nehmen, und nach Mehrheit der Stimmen darüber zu resolviren. Wos bei jedoch die vier Bankcommissarien aus den Handlung treibenden Kaufleuten, die nicht zur administrirenden Direction gehören, sich willkührlich einfinden können, es wäre dann, daß sie eines wichtigen Falles wegen besonders dazu angesagt wären. Bei Gleichheit der Stimmen entscheidet die Stimme des Oberpräsidenten, oder in seiner Abwesenheit des ersten nach ihm folgenden Mitgliedes.

§. 5. In allen Versammlungen der Direction führt die Magistratsperson das Protocoll.

§. 6. Die beide mit der Magistratsperson die administrirende Direction ausmachende Bankcommissarien bleiben ununterbrochen fort und ein Jahr lang

Mitglieder derselben, und geniessen dafür die in der ihnen zu ertheilenden Instruction zu bestimmende Gratification. In dem nächsten Jahre folgen ihnen sodann zween von den vier andern aus den Handlung treibenden Kaufleuten genommenen Bankcommissarien, und diesen nachmals in dem dritten Jahre, die beiden übrigen; so daß bei solcher jährlichen Abwechselung alle drei Jahre dieselben Bankcommissarien wieder zur Administration kommen. Wenn einer von den beiden administrirenden Bankcommissarien verhindert wird, in die Bank zu kommen; so hat er das Recht, einen der vier übrigen seine Stelle vertreten zu lassen.

§. 7. Zu Bedienten bei der Bank sollen aufgenommen werden:
- a) Ein Buchhalter bei der Species- Giro- und Leihbank.
- b) Ein Caßirer bei der Species- Giro- und Leihbank.
- c) Zween Bankschreiber.
- d) Ein Bankdiener, und
- e) Ein Börsenwärter.

§. 8. Bei Errichtung dieser Bank ernennen Wir das erstemahl die sämtlichen Commissarien, und die Bedienten: künftig aber soll es bei entstehenden Vacanzen folgendermassen gehalten werden. Das Mitglied des Commerzcollegii und die Magistratsperson, werden von dem Commerzcollegio nach Mehrheit der Stimmen erwählet. Wenn einer von den Handlung treibenden Kaufleuten abgehet; so werden von der Bankdirection zween Handlung treibende Bürger dem Commerzcollegio in Vorschlag gebracht, aus welchen dieses, einen in des abgegangenen Stelle erwählet. Die Bedienten endlich werden von der Bankdirection

nach

nach Mehrheit der Stimmen angesetzet, und in versammleter Direction in Eid genommen. Die sämtlichen Bankcommissarien unterschreiben ein jeder ein vorgeschriebenes Formular des Eides in Versammlung der ganzen Direction, und dieser Actus wird im Bankdirectionsprotocoll eingeführet. Auf gleiche Art wird es in der Folge bei Beeidigung eines neuen Bankcommissarii gehalten.

§. 9. Sowohl die Kosten der Errichtung der Bank, und einer Börse, als auch die Besoldungen, und andere dabei vorkommende Unkosten, werden aus den Fonds des altonaischen Commerzcollegii bestritten.

§. 10. Der altonaische Münzmeister, oder wenn dieser durch unaussetzliche Geschäfte, oder Krankheit verhindert würde, der Wardein, sollen sich so oft auf der Bank einfinden, als die administrirende Direction des einen oder des andern bedarf, und seine Gegenwart nöthig findet.

§. 11. Die Bankbediente sollen (die Sonn- und Festtage ausgenommen) täglich ein jeder an seiner Stelle, nach ihren Instructionen gegenwärtig seyn.

§. 12. Insbesondere sollen im Sommer von sieben bis neun, und im Winter von acht bis zehn Uhr Vormittags, der Buchhalter und die Bankschreiber immer zur Stelle, bereit und schuldig seyn, einem jeden, das, was ihm auf seinem Folio zugeschrieben worden, anzusagen.

§. 13. Jedoch sollen sie so wenig, als ein anderer, der das Recht hat, die Bücher der Bank einzusehen, bei Verlust ihrer Bedienungen und anderer harten Ahndung, sich unterstehen, jemanden von eines andern Bankrechnung das geringste zu entdecken; als worauf auch die Bankcommissarien und Bediente in ihrem Eide besonders werden verpflichtet werden.

§. 14. Der Caßirer empfängt von neun bis zwölf Uhr Vormittags die Gelder und Silberbarren. In eben diesen Stunden, wie auch des Nachmittags von zwei bis vier Uhr zahlt er aus.

§. 15. Die Species-Giro-Bank nimmt nichts anders an, als Unsere Königl. dänische ganze und halbe Species Reichsthaler und feines Silber, und giebt auch nichts anders wieder aus.

§. 16. Das feine Silber wird nicht geringer angenommen und ausgegeben, als zu funfzehn Loth und zwölf Gran.

§. 17. Die ganzen und halben Species Reichsthaler, müssen von dem in Unserer, unter dem 2ten Januar dieses Jahres emanirten, und hier am Ende angedruckten Verordnung, bestimmten Gehalte und Gewicht seyn.

§. 18. Es hängt von eines jeden Willkühr ab, ob er Species Reichsthaler von der vorgeschriebenen Art, oder feines Silber von funfzehn Loth 12 Gran in die Bank bringen will, so wie auch die Bank, nach ihrer Convenienz, entweder solche Species oder solches feines Silber auszahlet und ausgiebt.

§. 19. Für jeden Species Rthlr. werden dem Einbringer drei Mark Banco, und für jede Mark feinen Silbers sieben und zwanzig Mark zwölf Schillinge Banco gut geschrieben, auch zu eben dem Werth von der Bank wieder zurück gezahlt.

§. 20. Wer auf die Art ein Bankfolium bekommen hat, der kann noch an demselben Tage darauf assigniren.

§. 21. Ein jeder altonaischer Bürger und Einwohner, ohne Unterschied seiner Nahrung und seines Gewerbes, auch ob er würklich angesessen sei, oder nicht, hat das Recht, ein Folium in der Bank zu haben.

§. 22.

§. 22. Wer auf sein Folium aßigniren oder von demselben etwas abschreiben laßen will, der soll seine von ihm unterschriebene Aßignation, die niemals mehr, als einen abzuschreibenden Posten enthalten darf, persönlich oder durch einen auf nachstehende Art Bevollmächtigten in die Bank bringen.

§. 23. Wer nicht immer selbst seine Aßignations überliefern will, der soll denjenigen, den er bevollmächtigen will, in der Bank darstellen, ein darzu vorhandenes gedrucktes Formular der Vollmacht ausfüllen, und nebst dem Bevollmächtigten unterschreiben, dagegen aber über die geschehene Bevollmächtigung einen mit den Banksiegel bedruckten, und von dem Buchhalter nebst einem Bankschreiber unterschriebenen Schein erhalten; wofür er ein Mark Courant bezahlt. So oft nun der Bevollmächtigte Namens seines Principalen etwas abschreiben laßen will; so soll er allemal den Schein vorzuzeigen verbunden seyn.

§. 24. Dergleichen Vollmachten aber sind nicht länger als ein Jahr gültig, und müssen daher vor jeder jährlichen Eröfnung der Bank allezeit erneuet werden; wofür jedoch nichts an die Bank bezahlt wird.

§. 25. Die aßignirte Summen, die aber niemals unter ein hundert Mark Banco betragen müssen, sollen zuerst mit Buchstaben und hernach mit Ziffern, deutlich geschrieben seyn, auch allemal der Vor- und Zuname desjenigen, an den abgeschrieben werden soll, und das Folium des Aßignanten richtig auf der Aßignation angezeiget werden. Wer dieses versäumt, oder eine Aßignation, worinn die Summe in Buchstaben von der Summe in Zahlen differiret, einbringet, der soll eine Strafe von drei Mark Courant an die Bank erlegen. In keiner Aßignation darf eine klei-

nere

nere oder grössere Zahl von Pfenningen, als sechs Pfenning vorkommen.

§. 26. Die nach einem gedrucktem Formular eingerichteten Aßignations, sollen zuerst einem Bankschreiber überliefert werden, der dieselben, ohne Ansehn der Person, so wie sie nach einander einkommen, annimmt, und wohl untersucht, ob die Summen in Buchstaben und Ziffern mit einander übereinstimmen, das Folium richtig angezeigt, und alles nach der Vorschrift des §. 25. beobachtet sei; worauf er das Folium desjenigen, an den aßigniret wird, aufsucht, und unten auf die Aßignation notiret, und dann diese zum Ab= und Zuschreiben dem Buchhalter übergiebt, von dem sie in die Hände des andern Bankschreibers geht, der das Contrabuch führet.

§. 27. Keinen ist erlaubt, von einer ihm von andern zugeschriebenen Summe etwas wieder an demselben Tage abschreiben zu lassen, an welchem sie ihm zugeschrieben ist.

§. 28. Wer mehr aßignirt, als er auf seinem Folio zu gute hat, der bezahlet folgende Strafe an die Bank, nämlich für ein hundert Mark und darunter, die er mehr aßigniret, ein Mark Species; wenn der Betrag über einhundert bis zweihundert Mark gehet, zwei Mark Species, und so weiter von hundert Mark zu hundert Mark. Gegen eine solche Aßignation aber wird nichts abgeschrieben.

§. 29. Sollte jemand aus bewegenden Ursachen Bedenken finden, einen in Händen habenden Wechsel, bevor der Belauf desselben ihm zugeschrieben worden, an den Acceptanten auszuhändigen; so kann er solchen dem Buchhalter der Species-Giro- und Leihbank zustellen, damit der ihn, gegen erfolgte Zuschreibung der Summ, an den Acceptanten überliefern. Es

muß

muß aber der Inhaber des Wechsels in diesem Falle präcise an dem Verfalltage dem Acceptanten, bei Vorzeigung des Wechsels, solches bekannt machen, ihm eine Copie davon zurück lassen, und wenn sodann die Zuschreibung den eilften Respittag von zwölf Uhr Mittags nicht erfolget, den Wechsel aus der Bank zurück nehmen, gesetzmäßig protestiren lassen, und sein Recht nach Wechselordnung und Gebrauch verfolgen.

§. 30. Wenn der Buchhalter oder die Bankschreiber eine Contravention gegen den Inhalt der §. §. 25 und 28. bemerken, so sollen sie bei Strafe eines Reichsthalers Courant in die Armenbüchse, verpflichtet seyn, dieselbe sogleich der administrirenden Direction anzuzeigen.

§. 31. An allen Werkeltagen kann, Vormittags von zehn bis zwölf, und Nachmittags von drei bis fünf Uhr abgeschrieben werden, den Sonnabend Nachmittag ausgenommen. Wer nusser diesen Stunden etwas abschreiben lassen will, der bezahlt für jeden Posten zwei Schilling Courant an den Buchhalter oder die Bankschreiber.

§. 32. So oft einer ein neues Folium erhält; so soll er seinen Avanz auf die Art mit dem Buchhalter collationiren, daß er, oder sein Bevollmächtigter, die Summe, die er nach seinem Bankbuche in Avanz hat, nebst seinem neuen Folio, demselben schriftlich zustelle, worauf ihm dieser mündlich die Richtigkeit oder Unrichtigkeit derselben anzeigt.

§. 33. Der Buchhalter und die Bankschreiber dürfen keinen Mittag oder Abend von der Bank gehen, ehe sie alles, was an dem Vor- oder Nachmittage ab- und zugeschrieben worden, in ihren Büchern mit einander collationiret haben.

§. 34. Der Buchhalter führt die Hauptbücher von der Species- Giro- und Leihbank, und liefert alle

Soh-

Sonnabends der administrirenden Direction eine richtige Balance ein.

§. 35. Alle Wechselbriefe oder andere Documente, die in altonaer Bancogeld ausgestellt sind, und über einhundert Mark Species betragen, dürfen nicht anders, als durch die altonaische Species-Girobank bezahlt werden; so wie auch alles, was ein altonaischer Einwohner an den andern in Bankgeld verkauft, so oft die Summe über einhundert Mark Species beträgt, gleichfalls nicht anders, als durch die altonaische Species-Girobank bezahlt werden darf.

§. 36. Bei einem jeden zwischen altonaischen Einwohnern in Courantgeld geschlossenen Handel, soll es dem Käufer frei stehen, die Zahlung in Banco zu leisten, ohne daß der Verkäufer sich dessen weigern dürfe. Wobei Wir zugleich festsetzen, daß in allen solchen Fällen ein Reichsthaler Species oder Banco zu drei Mark eilf Schilling Courant gerechnet werden soll, als worzu der Werth eines Species Reichsthaler, bereits in Unserer hiebeygefügten Verordnung vom 2ten Januar dieses Jahres bestimmt ist.

§. 37. Auch wollen Wir allergnädigst, daß es einem jeden Unterthan in Unsern Reichen und Landen frei stehe, zu Erfüllung eines mit einem altonaischen Einwohner in Courant getroffenen Handels durch die altonaische Bank nach obigem auf beständig festgesetztem Course Zahlung zu leisten.

§. 38. Wir wollen ferner, daß in unserer Stadt Altona von Neujahr 1777 an, alle Handlungsbücher in Species Bancomark geführt werden sollen, dergestalt, daß der Species Reichsthaler zu drei Mark Banco, die Mark Banco zu sechzehn Schilling Banco, und der Schilling Banco zu zwölf Pfenninge Banco gerechnet werde. Wer dawider handelt, dessen Bü-

ches

cher sollen, die ihnen sonsten nach den Gesetzen zukommende vim Semiplenae probationis nicht haben.

§. 39. Wer Species Reichsthaler oder feines Silber in die Bank bringet, der soll dem Caßirer die Species, die von diesem Stück für Stück gewogen werden müssen, zuzählen, und das mit Probierzetteln, deren Gültigkeit zuvor von der administrirenden Direction beurtheilet wird, versehene Silber, ihm durch den Bankdiener zuwägen lassen.

§. 40. Der Einbringer bezahlt für das Wägen eines Barren Silbers zwei Schilling Courant. Für ein Beutel von einhundert Mark, bis dreihundert Mark mit Species Reichsthaler einen halben Schilling, von dreihundert bis sechshundert Mark einen Schilling und so weiter, bei jeden dreihundert Mark einen halben Schilling mehr.

§. 41. Nachdem der Caßirer das Silber oder das Gold erhalten und notiret hat, ertheilet er dem Einbringer einen Beweis, in welchen die eingebrachte Summe mit Buchstaben und mit Ziffern richtig specificiret ist.

§. 42. Derjenige, der einen solchen Beweis erhalten hat, ist schuldig, ihn noch desselben Tages der administrirenden Direction zu überliefern, welche darauf eine Ordre an den Buchhalter und die Bankschreiber ertheilet, ihm ein Folium zu geben, und ihm die eingebrachte Summe in den Büchern zu creditiren.

§. 43. Wenn jemand Gold oder Silber bringet, und zugleich einer da ist, der etwas empfangen will; so ist es, um der kürzern Beförderung willen, erlaubt, es dem Empfängern gleich zuzählen und zuwägen zu lassen: jedoch soll der Caßirer die Summen eben so in seinen Büchern notiren, als ob er das Gold, oder das Silber, selbst empfangen und ausgegeben hätte.

§. 44.

§. 44. Wer Gold oder Silber aus der Bank haben will, der soll einen gedruckten Caßenzettel, eigenhändig ausgefüllt und mit seinem Namen unterschrieben, dem Buchhalter persönlich, oder durch seinen Bevollmächtigten bringen. Wenn nun der Buchhalter findet, daß diese Person so viel auf ihrem Folio zu gute hat, als der Caßenzettel beträgt; so soll er sowohl als einer der Bankschreiber, den Aßignatoren für so viel in den Büchern debitiren, und diesen den Caßenzettel, von ihm und von dem Bankschreiber unterschrieben, wieder zustellen, worauf der Caßirer in den in §. 14. bestimmten Stunden ohne allen Aufenthalt die Zahlung leistet.

§. 45. Wer auf diese Art einen von dem Buchhalter und einem Bankschreiber unterschriebenen Caßenzettel erhalten hat, der soll schuldig seyn, die darinn benannten Summen noch an demselben Tage in Empfang zu nehmen, und im Fall er es nicht thun würde, für den ersten Tag ein Viertel pro Cent, für den zweiten ein halbes pro Cent, und so weiter täglich eine verdoppelte Strafe zu geben.

§. 46. Was ein jeder auf seinem Bankfolio zu gute hat, daß soll ihm unter keinerlei Vorwand vorenthalten, sondern täglich in den §. 14. festgesetzten Stunden ohne allen Aufschub und Weigerung in ganzen und halben dänischen Species Reichsthalern oder in feinen Silberbarren §phis 16. 17. 18. ausgezahlet und ausgeliefert werden.

§. 47. Daher soll auf keine Weise auf die Summen, die jemand auf seinem Bankfolio zu gute hat, jemals ein Arrest gelegt werden können. In Concurs- und Fallitfällen aber soll, nach geschehenen obrigkeitlichen Anzeigen, das in der Bank vorhandene Vermögen des Debitoris communis ad maſſam Concurſus gehören, und nach Anweisung seiner Obrigkeit,

die die Prioritätsurtel abgesprochen hat, unter seine
Gläubiger vertheilet werden; es wäre denn, daß der
Curator bonorum schon durante Concursu darüber
disponiret hätte, der jedoch hiezu entweder in seinem
Curatorio oder in einem besondern Decrete ausdrück-
lich von der Obrigkeit benachrichtiget werden muß.

§. 48. Der Caßirer darf, bei Verlust seines Dien-
stes, von den eingebrachten Geldern nichts verwechseln, noch austauschen, noch überhaupt sich daraus
einigen Nutzen oder Vortheil machen.

§. 49. Die Cassa soll täglich völlig abgeschlossen
werden, und der Caßirer bei Strafe von 10 Rthlr.
nicht mehr als dreitausend Reichsthaler-Species (wofür er eine sichere Caution geleistet hat) in seiner kleinen Cassa behalten, das übrige aber an die administrirende Direction abliefern, damit es von dieser in feuer-
feste Gewölbe verwahret werde. Wie dieselbe denn
auch darauf, daß der Caßirer niemals mehr, als die
obgenannten dreitausend Species Rthlr. in seiner Ver-
wahrsam behalte, genau zu achten und deswegen die
Casse oft nachzusehen hat.

§. 50. In Sterbfällen, die wegen Ungewisheit,
oder Abwesenheit, oder Minderjährigkeit des Erben,
einer gerichtlichen Cognition bedürfen, cessirt alles
Abschreiben, bis der Nachlaß von der Obrigkeit, unter
deren Foro der verstorbene sortirte regulirt ist, es
wäre denn, daß von dieser Obrigkeit ein Administrator
Massæ gesetzt, und derselbe von ihr autorisiret würde,
über des Defuncti in der Bank vorhandenen Avanz
zu disponiren, welches er jedoch durch ein beglaubtes
Document zu beweisen hat.

§. 51. So bald die Erbschaft reguliret ist, und
die Erben sich durch obrigkeitliche Decrete bei der
Bank legitimiret haben; so können sie, oder falls sie
minorennes sind, ihre obrigkeitlich bestellten Vor-
mün-

münder. (die sich mit ihrem Tutorio, oder einer beglaubten Abschrift desselben zu legitimiren haben) über die auf dem Folio ihres Erblassers in Credit stehende Summen disponiren.

§. 52. Wobei jedoch zu beobachten ist, daß Erben weiblichen Geschlechts dieses nicht anders, als mit ihren Ehmännern oder Curatoren, diese mögen constituiret oder erbeten seyn, thun können.

§. 53. Auch unverheiratheten Personen weiblichen Geschlechts ist es erlaubt ein Folium in der Bank zu haben; ihre Aßignations und nach §. 23. eingerichtete Vollmachten aber müssen allemal von ihnen cum Curatore unterschrieben, und besorgt werden, es wäre denn, daß sie würklich Handlung trieben, da sie alsdenn weder zum Abschreiben selbst, noch zur Außstellung der Vollmacht, eines Curators bedürfen.

§. 54. Wenn zween oder mehrere in Compagnie sind, und, unter ihrer gemeinschaftlichen Firma, ein Conto in der Bank haben; so soll diejenige Aßignation, die einer von ihnen, mit dieser Firma unterschrieben, persönlich, oder durch den nach §. 23. Bevollmächtigten in die Bank bringt, immer so genommen werden, als ob sie von ihnen allen unterschrieben wäre.

§. 55. Wenn jemand, der noch keine Vollmacht ausgestellet hat, etwas abschreiben will, und durch Krankheit verhindert wird, nach der Bank zu kommen; so schickt die administrirende Direction, auf geschehene Anzeige, einen der Bedienten zu demselben, der, ausser der schriftlichen eigenhändig unterschriebenen Aßignation, von ihm auch die mündliche Einwilligung empfängt. Für jede auf diese Art ausgestellte Aßignation werden vier Schillinge Courant an die Bank bezahlt.

§. 56. Den Bedienten der Bank ist es bei Strafe der Confiscation untersagt, es sei auf ihrem eigenen

oder

oder unter fremden Namen, ein Folium in der Bank zu haben.

§. 57. Wer zuerst ein Bankfolium erhält, der bezahlt zwei Reichsthaler Courant, am Ende des Jahres aber, bei Eröfnung der Bank, für jedes Folium, das in dem Jahre für ihm beschrieben worden ist, ein Douceur von acht Schilling Courant.

§. 58. In der Bank soll eine Armenbüchse seyn, darinn die Armengelder gesammlet, und bei der jährlichen Eröfnung der Bank, nach Anweisung der Obrigkeit, an eines oder mehrere pia corpora ausgeliefert werden.

§. 59. Alle bei der Bank eingehende Strafgelder und Sporteln sollen in eine besondere Büchse gethan, und am Ende des Bankjahrs nach Gutfinden der ganzen Direction vertheilet werden. Jedoch ist hievon das ausgenommen, was der Buchhalter und die Bankschreiber von solchen erhalten, die noch nach den §. 31. festgesetzten Stunden etwas abschreiben lassen, als welches diese unter sich alleine vertheilen.

§. 60. Die Bank soll alle Jahr acht Tage vor dem eilften October, inclusive gerechnet, geschlossen seyn, damit in der Zeit alles bei derselben in gehörige Richtigkeit gebracht werde. Sollte künftig ein zweimaliger Bankschluß nöthig, oder auch nur erforderlich seyn, daß die Bank jährlich auf eine längere Zeit, als diese bestimmten acht Tage geschlossen gehalten würde, so soll solches vorher öffentlich bekannt gemacht werden. Wechsel, die zu einer solchen Zeit verfallen, daß die Respittage während des Bankschlusses ablaufen, sollen noch vor dem Bankschluß in der Bank abgeschrieben, und wenn das nicht geschehen ist, protestiret werden.

§. 61. Den achtzehnten October, oder falls dieser auf einen Sonntag einfiele, den Tag zuvor, soll ein jeder, der etwas in der Bank auf seinem Folio zu gute hat, sich in dem Bankhause einfinden, und

ehe

the etwas auf seiner Rechnung abgeschrieben werden kann, sein Conto, in Gegenwart der administrirenden Direction, aufnehmen.

§. 62. Von dem neunzehnten October an, da die Bank wieder geöfnet wird, kann ein jeder, der etwas in der Bank zu gute hat, und solches nach §. 61. aufs genommen hat, wieder auf seine Rechnung aßigniren.

§. 63. Ungeachtet vom eilften bis zum achtzehnten October inclusive, nichts auf die Bank aßignirt werden kann; so soll doch ein jeder das Recht haben, den zehnten October noch einige unterschriebene Blanquette in die Bank zu liefern, und zu verlangen, daß am eilften und zwölften desselben Monats noch so viele Aßignations angenommen und unter dem zehnten October abgeschrieben werden, als er Blanquette eingeliefert hat.

§. 64. Oberpräsident, Bürgermeister und Rath, nebst den Kämmerei und Ausschußbürgern, übernehmen, Namens der Stadt, die Garantie der Bank, für Feuer und Diebstahl, und besorgen zu dem Ende nicht allein, daß eine Wache nahe bei der Bank sei, und das Bankhaus eine Schildwache an der Thür habe, sondern befehlen auch den bei der Feuerordnung angesetzten Leuten sowohl, als den Nachtwächtern, ein besonderes Augenmerk auf das Bankhaus zu haben.

§. 65. Alle altonaische Einwohner, wes Standes sie auch seyn mögen, stehen in Processen, die die Bank angehen, unter der Stadtgerichtsbarkeit.

§. 66. Die von den Bankbedienten in ihren Geschäften begangene Vergehungen, die mit einer Geldbuße, Suspension oder Remotion ab officio bestraft werden können, werden bloß von der Bankdirection untersucht und bestraft; diejenigen aber, die eine Gefängniß oder Leibesstrafe nach sich ziehen, oder die extra officium begangen werden, gehören vor die or-

-dentsentliche Stadtgerichte, so wie auch die Bankofficianten in allen Civilsachen, die ihr Amt nicht angehen, darum der sortiren.

§. 67. Damit aber durch eine plötzliche und unvermuthet veranlaßte Abwesenheit eines Bankbedienten keine Unordnung in den Geschäften der Bank entstehe; so verordnen Wir hiedurch allergnädigst, daß kein Bankbedienter ohne Vorbewust der administrirenden Direction (den Fall einer mit dem Verzug verknüpften Gefahr allein ausgenommen) von der Stadtobrigkeit arretirt werden solle. Wenn aber die Direction von dieser zuvörderst benachrichtiget worden; so hat sie solche Maasregeln zu nehmen, als die Umstände der Bank erfodern, damit Geschäfte derselben nicht leiden.

§. 68. Aus eben dem angeführten Grunde, damit nämlich die Arbeiten und Geschäfte in der Bank nicht gehindert werden, sollen alle Bediente derselben von allen bürgerlichen Officiis und persönlichen Wachen befreiet, dagegen aber auch von allen bürgerlichen Gewerbe oder Nahrung ausgeschlossen seyn.

§. 69. Die Besoldungen der bei der Bank angestellten Bedienten, können nicht mit Arrest beleget werden.

§. 70. Der Bank ist auch erlaubt, zu den Zeiten, da die ganze Direction es per plurima gut findet, auf Gold, Silber und gut gereinigtes Kupfer, gegen zwei pro Cent jährlicher Zinsen auszuleihen. Das Gold und Silber wird nicht anders, als nach der Tiegelprobe, oder nach andern Proben, welche die administrirende Direction mit Zuziehung des Münzmeisters oder Münzwardeins für richtig erkannt, angenommen. Auf die Mark Gold, Cöllnischen Gewichts, die nicht unter funfzehn Carrat Fein Gold hält, werden drei hundert fünf und siebenzig Mark Banco geliehen. Auf die Mark Silber, Cöllnischen Gewichts, die von

funf-

funfzehn bis zwölf Loth fein Silber hält, werden sieben und zwanzig Mark Banco, und die von zwölf bis vier Loth hält, sechs und zwanzig Mark zwölf Schilling Banco geliehen. Auf ein Schiffpfund Kupfer endlich, oder 280 Pfund altonaer Gewicht, leihet die Bank einhundert und zwanzig Mark Banco. An Lagermiethe werden acht Schilling Courant jährlich für ein Schiffpfund Kupfer an die Bank bezahlt.

§. 71. Nach geschehener Taxation des Pfandes soll alles in der administrirenden Direction gehörig protocolliret, und darauf ein Exemplar des Pfandscheines von ihr unterschrieben, von dem Buchhalter paraphiret und mit dem Banksiegel bedruckt, dem Verpfänder ertheilet, ein anderes aber, von diesem unterzeichnet, in der Bank aufbewahret werden. Für einen solchen Pfandschein werden acht Schilling Courant bezahlt.

§. 72. Alle Pfänder sollen auf drei Monat versetzet, und sowohl Interessen als Capital bei Ablauf derselben richtig bezahlt werden.

§. 73. Wer ein Pfand anderweitige drei Monat stehen zu lassen wünschet, soll sich, vor Ablauf des ersten Termins, deswegen bei der administrirenden Direction melden, und die Prolongation begehren.

§. 74. Alle Pfänder, die nicht in einem Monate nach Ablauf des bestimmten Termins, durch Bezahlung des Capitals und der Zinsen, eingelöset werden, verauctionirt die Bank ohne alle weitere Umstände, macht sich daraus an Capital, Zinsen und Kosten bezahlt, kehrt aber den etwanigen Ueberschuß dem Verpfänder aus, gegen Zurücklieferung des ihm ertheilten Pfandscheins.

§. 75. Die Bank hat das Recht, ohne Zuziehung des Auctionsverwalters, oder eines Mäklers, ihre eignen Auctionen zu halten.

§. 76.

§. 76. Wird der aus einem von der Bank ver= auctionirten Pfande entstandene Ueberschuß nicht in drei Jahren nach der Auction von dem Verpfänder abgefordert; so wird solcher, nach Anweisung der Stadtobrigkeit, an ein pium corpus ausgekehret.

§. 77. Einem Verpfänder stehet es frei, sein Pfand vor Ablauf des bestimmten Termins einzulö= sen, und bezahlt er alsdenn die Zinsen nicht weiter, als bis zum Ablauf des Monats, in welchem die Ein= lösung geschiehet.

§. 78. Die Pfänder werden demjenigen ausgelie= fert, der bei Bezahlung des Capitals und der Zinsen den Pfandschein bringet; es wäre denn, daß bei ihm ein unrechtmäßiger Besitz desselben bemerkt würde, oder gar die Entwendung eines solchen Pfandscheins von dem rechtmäßigen Innhaber vorher angezeigt wäre.

§. 79. Die altonaische Species-Giro- und Leih= bank ist ganz von dem Gebrauche des gestempelten Papieres befreiet, so daß sie zu ihren Büchern, As= signationen, Cassenzetteln, Scheinen des Caßirers, Vollmachten, Bescheinigungen der Bevollmächtigung, Pfandscheinen, Recepissen und allen Arten von schrift= lichen und gedruckten Expediendis, welche die Bank selbst angehen, und auf ihren Comtoirs ausgefertiget werden, ungestempeltes Papier gebrauchen darf, und solches gleichwol an allen Orten und in allen Gerich= ten für eben so gültig angesehen und angenommen werden soll, als wenn darzu das gehörig gestempelte Papier gebraucht wäre.

§. 80. Die Bank ist auch nicht an die altonaische Rathswaage gebunden, sondern darf ihre eigene Waage und Gewicht haben, um sich solcher in allen bei ihren Geschäften vorkommenden Fällen zu bedie= nen, jedoch darf sie niemals erlauben, daß zur Beein=

trächtigung der Rathswaage, jemand einen Privatgebrauch davon machen möge, und es soll das Gewicht (ausgenommen das gewöhnliche Cöllnische Gold- und Silbergewichte) demjenigen, welches in der Stadt verordnet und eingeführt ist, vollkommen gleich seyn.

§ 81. Jährlich während der Zeit, da die Bank geschlossen ist, wird Rechnung von der Species- Giro- und Leihbank vor der ganzen Direction abgelegt, und, nach genauer Untersuchung und befundener Richtigkeit derselben, werden sowohl, die drei Mitglieder der administrirenden Direction, jeder für sich, als auch der Caßirer für das verflossene Jahr förmlich quitiret, um in Absicht auf dasselbe Jahr, ihrer Verwaltung wegen, niemals weiter in Anspruch genommen werden zu können.

Allen vorstehenden verordneten Puncten soll jedermann, bei Vermeidung unserer Königl. Ungnade, in allen Stücken die genaueste Folge leisten. Sollte indessen künftig durch erhebliche Umstände die Direction der Bank veranlasset werden, zum Besten derselben einige Abänderung oder Zusatz in dieser von Uns ausgelassenen Verordnung zu wünschen; so werden Wir, auf desfalls an Uns gelangte allerunterthänigste Vorstellung, Uns geneigt finden lassen, ihnen darinn zu willfahren, und die dienlich befundene Vorschriften öffentlich bekannt zu machen.

Wir versprechen hiebei nicht allein allergnädigst, dieses Unsern Staaten und vorzüglich Unserer Stadt Altona so nützliche Institut in Unsern besondern Königl. Schutz zu nehmen; sondern entsagen auch hiedurch zugleich auf das feierlichste, für Uns und Unsere Königl. Erben und Successoren, in alle Zukunft, allem Rechte und aller Gewalt über den von den Besitzern der Folien in dieser Bank niedergelegten Fonds, und über die darinn versetzten Pfänder, dergestalt, daß
we-

wegen keiner Bedürfnis des Staats und unter keinerlei Vorwandt jemals, es sei zu Kriegs- oder zu Friedens-Zeiten durch Uns oder Unsere Nachfolger in der Königl. Erbregierung ein Eingrif in die Rechte der Bank mittelbar oder unmittelbar geschehen oder zugelassen werden, oder deren Fonds und Pfänder unter eines andern, als der wahren Einleger, Besitzer und Verpfänder Disposition in einige Wege stehen oder zu einiger Zeit gerathen sollen. Wornach alle, die es angeht, sich zu achten haben. Urkundlich unter unserm Königl. Handzeichen und vorgedrucktem Insiegel. Gegeben auf Unserm Schlosse Friedensburg, den 11. Octobr. 1776.

(L. S.)　　　　　　　　　　*Christian R.*

A. P. v. Bernstorff.

　　　　　C. L. Stemann.　　C. L. Schlütz.

Beylage.

Wir Christian der Siebente, 2c. 2c. Thun kund, daß gleichwie Wir Uns veranlasset gefunden haben, die möglichen Misbräuche mit gewissen kleinern Courant-Münzsorten durch die erlassenen Verfügungen vom 1. Maji und 13. Julii abgewichenen Jahres zu verhindern, und auch durch das Placat vom 29. May gedachten Jahres anderweitigen Verlust an fremden Münzen von Unsern deutschen Landen abgewendet haben; so sind Wir ferner allergnädigst darauf bedacht gewesen, Unsere getreue und geliebte Unterthanen mit solcher Münze hinwieder zu versehen, welche nicht nur keinerlei Ungelegenheiten unterworfen seyn möchte, sondern auch zu allen Zeiten einen sichern und unwandelbaren Werth in Zahlungen an Fremde hätte, und welche durch nähere Verfügungen vor allem betrüglichem Kippen und Wippen gesichert würde.

Zu diesem Ende wollen Wir auf Unsern Münzen Species ausprägen lassen, womit bereits der Anfang gemacht worden, welche den Vorzug für Unsere Unterthanen haben, daß sie in dieser Münze beständig eine unveränderliche Summe von hamburger Banco zu auswärtigen Zahlungen, und von Courantgeld zu den Zahlungen an ihre Mitbürger besitzen. In Absicht des letztern verordnen und befehlen Wir hiemit allergnädigst, daß ein dänischer Species Reichsthaler jederzeit, sowohl bei Erlegung der Gefälle und Abgaben an Unsere Casse, als auch im Handel und Wandel unter den Unterthanen und in der Bank zu Kopenhagen, ein Reichsthaler 11 ß Courant gelten, und dafür angenommen und ausgegeben werden soll.

Diesemnach sollen dann auch hinführo, und von dem Tage der Publication dieser Verordnung an, alle diejenigen Gefälle und Abgaben, welche in Species vorgeschrieben sind, entweder in dänischen Species in natura erlegt, oder in Courant nach dem oben verordneten Werth der dänischen Species entrichtet werden, also daß anstatt und für einen Reichsthaler Species, der in natura bezahlet werden sollte, in Courant ein Reichsthaler 11 ß gegeben wird.

Um alle Misbräuche zu verhindern, die von gewinnsüchtigen Personen oftmals mit Auswiegen und Beschneiden vollwichtiger Münzen begangen werden, sollen bei Unsern Cassen keine andere als vollwichtige dänische Species angenommen noch ausgegeben werden, weswegen dann alle Species bei Unsern Cassen in Einnahme und Ausgabe mit dazu gehörig eingerichteten Gewichten verglichen und gewogen werden. Damit aber auch Unsere liebe und getreue Unterthanen, durch ähnliche Behutsamkeit allen Verlust auf den in Species empfangenden Summen von sich abwenden können, lassen Wir die Veranstaltung treffen,

daß

daß ein jeder Particulier auf der Justierkammer in Unserer Residenzstadt Kopenhagen und sonst bei den Magistråten in sämtlichen Städten in Unsern Reichen und Landen, für einen fest zu setzenden Preiß, dergleichen accurate und gestempelte Gewichte zu kaufen Gelegenheit finden soll, womit dänische Species von ½ und 1 ganzen Species bis 500 Stück auf einmal gewogen werden können, nach dem angedruckten Tarif über das Gewicht dieser Münze in verschiedenen Summen.

Um endlich auch denjenigen, welche bei Ausgabe dieser Münze im Handel einigen Vortheil finden könnten, alle Erleichterung wiederfahren zu lassen, wird hiemit allen und jeden verstattet, an Unsern Münzstädten in Kopenhagen und Altona von eigenem Silber dänische Species prägen zu lassen, gegen Erlegung des blossen Münzlohnes von 1 ß à Stück ganze Species und 1¼ ß à 2 Stück halbe Species, wogegen Wir allergnädigst den Uns gebührenden Schlagschatz gänzlich erlassen. Ueberdem wollen Wir beständig auf den beiden benannten Münzen einen Vorrath ausgeprägter Species stehen lassen, von welchem dem Particulier, der es verlanget, für die Mark fein Silber nach der Tiegelprobe, nebst Bezahlung des erwehnten Münzlohnes 9¼ Stück dänische Species ausgewechselt werden sollen.

Wornach sich männiglich allerunterthänigst zu achten. Urkundlich unter Unserm Königlichen Handzeichen und vorgedruckten Insiegel. Gegeben auf Unserm Königl. Schlosse Christiansburg, in Unserer Residenzstadt Kopenhagen, den 2. Januar 1776.

(L. S.)   *Christian R.*
             Juel.   Moltke.
                             Hellfriedt.

)108(

Species Stück.	Wicht netto	Königl. dänisches Münz-Gewicht.				
		Mark	Loth	Qnt.	Pf.	Eschen
1				3	3	13 270
2				3	3	10 181
3					3	4 103
4					3	15 25
5					2	8 206
6			9	3	2	2 128
7			11	3	1	13 50
8			13	3	1	6 231
9			15	3	1	153
10			1	3		11 75
11			1	3		4 253
12			1	5	2	15 178
13			1	7	2	9 100
14			1	9	2	3 22
15			1	11	2	13 203
16			1	13	2	7 125
17			1	15	2	1 47
18			2	1	2	11 225
19			2	3	2	5 150
20			2	5	2		16 72
21			2	7	1	9 253
22			2	9	1	3 175
23			2	11	1	14 97
24			2	13	1	8 19
25			2	15	1	1 200
26			3	1	1	12 122
27			3	3	1	6 44
28			3	5	1	16 225
29			3	7	1	10 147
30			3	9	1	4 69
40			3	11	1	14 250
50			4	13	1	3 247
60			6	2	1	7 244
70			7	6	1	12 241
80			8	10	1	1 238
90			9	14		5 235
100			11	1	3	10 232
200			12	5	2	15 229
300			24	11	1	14 199
350			37	1	1	13 169
400			49	6	2	12 139
500			61	12	1	11 109
600			74	2		10 79
700			86	7	3	9 49
800			98	13	1	8 19
900			111	3		6 248
1000			123	8	3	5 218

Die

Die Direction der Species-Giro- und Leihbank bestehet aus folgenden:

Bancocommissarien:

Ihro Excellenz der Herr Schatzmeister Graf von Schimmelmann.

Ihro Excellenz der Herr Geheimerath und Oberpräsident von Gähler.

Herr Peter Rode.
- - William Hutchinson.
- - Egg. Johann Lübbes.
- - Albrecht Christian Hoeck.
- - Hofagent Johann Daniel Lawätz.
- - Diederich Prehn.
- - Ernst Hinrich Polemann.

} Handlung treibende Bürger.

Letzterer ist beständig administrirender Commissarius und zugleich Protocoll führend, expedirender Secretair.

Bediente.

Herr Licentiat Johann August Matthiesen, als Caßirer.

Noch ein Buchhalter, zween Bankschreiber, 1 Bankdiener und 1 Börsenwärter.

Das Königl. Bankcomtoir.

Directeurs.

Herr Justizrath Peter Matthiesen.
- - Hofagent Johann Christoph Donner, mit Kanzeleiraths Rang.

Bediente.

Herr Kammersecretair Frisch, als Caßirer.
Noch ein Buchhalter und ein Gehülfe.

Zur Bequemlichkeit des Commercii ist auch noch in diesem 1777sten Jahre und zwar unterm 13. Maji ein Comtoir der Kopenhagener, Königl. octroyirten See-

Seeassecuranzcompagnie hieselbst etablirt, und dabei die gehörigen Directeurs nebst übrigen Bediente angestellet worden, um sowohl hier als in Hamburg für Rechnung der Copenhagener Assecuranzcompagnie für Seerisico Versicherungen zu leisten.

Die Directeurs sind:
Herr Justizrath Conrad Matthiesen.
= = Etatsrath von Aspern.
= = Peter Rode.
= = Otto Matthiesen, Conrads Sohn, zugleich Bevollmächtigter.

Vermöge Königl. allermildester Verordnung vom 27. May 1777, sind die in Altona fabricirt werdende Waaren, bei der Einführung in den beiden Fürstenthümern Schleßwig und Holstein, auch von den bisher errichteten Zollabgaben gänzlich befreiet worden. Das Placat lautet also:

Nach dem Innhalt eines aus der höchstpreißlichen Königl. Westindisch-Guineischen Rente- und General-Zollkammer, den 14ten dieses Monats erlassenen Schreibens, haben Ihro Königl. Majestät, zur Aufnahme der altonaischen Fabriquen und Beförderung der Industrie, auf alleruntertänigste Vorstellung hochgedachter Kammer unterm 5ten dieses Monats allergnädigst zu resolviren geruhet, daß die altonaischen Fabriquenwaaren, von dem bisher entrichteten Zolle, bei der Einfuhr in die Herzogthümer, befreiet seyn mögen, dergestalt, daß

1.) Alle altonaische Fabrikanten und Maunufacturisten auf geschehenes Ansuchen mit speciellen Privilegien versehen, und ihnen, wenn sie diese Privilegien erhalten haben, zugestanden werden solle, die von ihnen fabricirte Waaren (Hut- und Candies-
Zu-

Zuckern nebst Sirup, jedoch in soferne ausgenommen, daß diese Waaren, wenn sie nicht aus verzollten rohen Zuckern von den königl. Colonien in Amerika raffiniret sind, bei der Einführung gehörig verzollet und verlicentiret, so wie auch von allen Arten Tobak diese Abgaben, nach wie vor bezahlet werden sollen,) ohne Unterschied, ob die Fabrikata aus fremden oder inländischen rohen Materialien gemacht worden, auch alsdenn, wenn die Einführung gleicher Waaren aus der Fremde verbothen wäre, sowol in als ausser der Marktzeit, Zoll- und Licentfrei in die Herzogthümer einzuführen, falls dieser Einführung nicht ein Privilegium exclusivum im Wege stünde, und weil sie dadurch denen in den Herzogthümern befindlichen Fabrikanten gleich gemacht werden: so sollen sie hingegen ausdrücklich angewiesen werden, die bedürfenden rohen Materialien, so weit sie im Lande zu haben sind, vorzüglich darinn zu nehmen.

2.) Daß zur Vermeidung des Unterschleifs nicht allein diejenigen Fabrikwaaren, die einer Stempelung fähig sind, von einer abseiten des Königl. General-Landes-Oekonomie- und Commerzcollegii hiezu zu autorisirenden zuverläßigen Person, auf den Stühlen und Werkstätten ordentlich gestempelte, sondern auch in allen Fällen glaubwürdige Attestate darüber beigebracht, und auf den Zöllen wieder abgeliefert werden sollen. Die Ertheilung dieser Atteste soll aber folgendergestalt geschehen; 1.) Das Attestationswesen soll nach wie vor von einem in Altona vorhandenen Königl. Bedienten besorget werden. 2.) Bei ihm sollen alle die, welche attestiren wollen, sich persönlich einfinden, und die eidlichen Atteste in seiner Gegenwart schreiben, oder doch wenigstens unterschreiben.

3.)

3.) Ihm soll es vorzüglich obliegen, nicht allein allen Fleisses mit darauf zu sehen, daß das, worüber attestiret wird, sich wirklich so verhalte, sondern derselbe soll auch, weil die Attestanten und Ihre Unterschriften nur selten hier und bei den Zöllen gekannt werden, einen jeglichen Attest mit seiner eigenhändigen Unterschrift vereficiren, auch darüber ein Protocoll halten, und solches jährlich an die General-Zollkammer einsenden.

4.) Für solche Bemühung wird ihm eine billigmäßige Gebühr, nämlich von 50 Rthlr. des Werths der Waaren und darunter, 2 ß; von 51 Rthlr. aber und darüber, wie hoch die Summa auch gehen möchte 4 ß allergnädigst bewilliget; und

5.) Sollen die Atteste durch die Bank nur auf 1 ß Stempelpapier geschrieben werden.

Uebrigens haben Ihro Königl. Maj. allergnädigst festzusetzen geruhet, daß diese allerhöchste Resolution die allgemeine Regel für die freie Einfuhr der altonaischen Fabrikewaaren seyn solle, jedoch dergestalt, daß jede einzelne Fabrike, um an der durch gedachte Resolution ertheilten Freiheit Theil nehmen zu können, sich vom General-Landesökonomie- und Commerzcollegio mit speciellen Privilegien versehen solle.

Obige Königl. allerhöchste Resolution wird den sämtlichen hiesigen Fabrikanten bekannt gemacht, und ihnen daneben angedeutet, daß sie ihre Gesuche, wegen Ertheilung der angeordneten speciellen Privilegien (die hoffentlich unentgeldlich werden ausgefertiget werden,) innerhalb 4 Wochen bei dem Königl. General-Landesökonomie- und Commerzcollegio einzubringen haben. Altona, im Oberpräsidio, den 23. Junii 1777.

S. W. von Gähler.

In diesem 1777sten Jahre ward laut Königl. allerhöchsten Befehls eine Zollbude zu Ottensen angelegt.

Was ein jeder für die einzurückende Notificationen in den hiesigen Zeitungen zu bezahlen hat, ersiehet man aus nachstehender Verordnung:

Es haben Sr. Königl. Maj. in Ansehung der für Einrückung öffentlicher Notificationen an die Ausgeber der altonaischen politischen Zeitungen zu entrichtenden Inserirungsgebühren, durch ein sub dato Christiansburg zu Kopenhagen den 27. Januar 1779 allergnädigst anhero erlassenes Rescript allgemein, festzusetzen sich bewogen gefunden, daß, für die Einrückung der Proclamatum und Notificationen in den altonaischen Mercur, den Verlegern ein Gebühr von zwei ß für eine jede Zeile von der dazu bisher gebrauchten kleinen Schrift, und für deren Inserirung in den Reichspostreuter, dessen Verlegern, bei dem grösseren Druck und den kürzern Zeilen dieser Zeitung, eine Gebühr von anderthalb ß, für jede Zeile bezahlet werden, und daß, unter dieser Vorschrift, wornach einem jeden frei stehet, durch kurze Abfassung des Inserendi, die Gebühren zu vermindern, auch die in der Verfügung vom 12. Novembr. 1753 gemeldete Proclamata über kleine Erbschaften, zum Besten fremder Erben, begriffen seyn sollen. Uebrigens wollen Ihro Königl. Maj., daß die in Armensachen und sonst ex officio abzugebende Proclamata rc. von den Verlegern des Mercurs und Reichspostreuters, nach wie vor, gratis inseriret werden.

Diese allerhöchste Vorschrift wird allen Obrigkeiten und Magistraten im Herzogthum Holstein und der Herrschaft Pinneberg, auch allen und jeden nachrichtlich und zu ihrem Verhalten hiedurch bekannt gemacht.

H

macht. Urkundlich unterm vorgedruckten Königl. Insiegel. Gegeben in Glückstadt, den 4. Febr. 1779.
(L. S.)   S. P. Wolters.   Schulze.
J. J. Ewald.

De dato F. lebensburg den 17. Junii 1779 kam auch zum Nutzen Altonas eine Königl. Verordnung gedruckt heraus, betreffend die zur Aufnahme des Speditionshandels in den Städten der Herzogthümer überhaupt, wie auch die dem Transithandel über Kiel (Altona mit einbegriffen) insbesondere zu verstattende Freiheiten, die also lautet:

Wir Christian der Siebente, ꝛc. ꝛc. Thun kund hiemit, daß Wir, um den Handel mit Waaren aus der ersten Hand in Unsern Königreichen Dännemark und Norwegen zu befördern, durch eine unterm heutigen dato in dänischer Sprache allergnädigst erlassene Verordnung festgesetzt haben, daß von allen fremden Waaren, welche von einem an der Ostsee belegenen auswärtigen Hafen aus der zweyten Hand in Unsere Königreiche Dännemark und Norwegen eingeführet werden, und für welche zu Folge der Commerzverordnung vom 4. August 1742, ausser dem gewöhnlichen tarifmäßigen Zolle, bisher nur der vierte Theil desselben mehr, als eine Verhöhungsabgabe bezahlet ist, hinführo in gedachten Königreichen, ausser dem gewöhnlichen tarifmäßigen Zolle, annoch die Hälfte desselben mehr an Verhöhungszoll entrichtet werden solle.

Um aber die Aufnahme Unserer zum Transithandel und zum Landtransport so vorzüglich bequem liegenden Stadt Kiel, wie auch Unserer anderen Städte in den Herzogthümern zu befördern und die Handelsverbindungen in den Provinzen auf alle Weise zu erleichtern; so haben Wir allergnädigst bewilliget, daß die Veränderung in dem Verhöhungszolle von den

Waa=

Waaren, welche aus der zweiten Hand über Unsere Städte in den Herzogthümern nach Unseren Königreichen eingehen, nicht statt finde, und es ist Unser allergnädigster Wille, daß, obschon die Waaren aus der zweiten Hand nach den Herzogthümern gebracht worden sind, doch von denselben, wenn sie wieder von dort nach Unseren Königreichen eingeführet werden, nach wie vor nur der vierte Theil an Verhöhungszoll bezahlet werden solle.

Ferner bewilligen Wir, daß alle Transitwaaren, welche directe aus der Fremde oder über eine in Unsern Herzogthümern belegene Stadt (Altona mit inbegriffen) nach Kiel kommen, und von da wieder in die Fremde oder nach Unsere Königreiche, Dännemark und Norwegen, gehen, oder aus gedachten Königreichen entweder directe oder über eine in Unsern Herzogthümern belegene Stadt (Altona inclusive) in die Fremde gesandt werden, in gedachter Stadt Kiel frei aufgelegt werden, und weder bei der Ein- noch Ausfuhr irgend einen Transitzolle oder anderen Auflagen und Abgaben unterworfen seyn sollen; jedoch müssen die Handelnden und Frachtfahrenden zur Erhaltung einer guten Ordnung, diese Waaren auf den Zöllen, sowohl bei der Ein- als Ausfuhr gehörig angeben.

Um aber auch hier diesem Handel alle Erleichterungen angedeihen zu lassen, verstatten Wir, daß zu der bei der Angabe nöthigen Paßierzetteln und Rückattesten, ungestempeltes Papier genommen werden könne; wie Wir denn auch, um diesen Transithandel von allen Beschwerden zu befreien, in eben der Hinsicht die Gebühren der Zollbedienten solchergestalt heruntersetzen und den Zollcontract dermassen einrichten lassen wollen, daß für den Handel keine Belästigung und für die Waaren bei dem Transport keine Beschädigung und Aufenthalt zu befürchten seyn könne. Zur Erleichterung des Transports haben Wir bereits zwischen Kiel und Altona theils neue Landwege anlegen, theils die alten Wege in guten Stande setzen lassen, und sollen in Unserer Stadt Kiel nicht nur zur unverzögerten Beförderung der zur weiteren Versendung daselbst ankommenden Waaren die nöthigen Veranstaltungen gemacht, sondern es soll auch das Fuhrlohn solchergestalt festgesetzt werden, daß bei Versendung der Waaren nach Altona oder andern gleich entfernten Oertern, die Kosten des Transports den Handel auf keine Weise zur Beschwerde gereichen können.

Bei allen aus der ersten Hand und mit einländischen Schiffen in Unsern Herzogthümern Schleswig und Holstein eingeführten Waaren, soll es bei deren Versendung nach Unseren Königreichen, Dännemark und Norwegen, ferner der für gedachte Königreiche am 26. Novembr. 1768 ergangenen Zollverordnung gemäß verhalten, und für selbige also bloß der tarifmäßige Zoll ohne Verhöhung entrichtet worden; wie Wir denn auch den 9ten Art. des 10 Capitels der gedachten Zollverordnung hiedurch auf Unsere Stadt Altona erweitern, dergestalt, daß alle Waaren, die keine contrebande Waaren sind, bei der Einfuhr in Unsern Königreichen nur blos den tarifmäßigen Zolle, ohne Verhöhung unterworfen seyn sollen, wann mit eidlichen Certificaten erwiesen werden kann, daß dieselben mit einländischen Schiffen aus der ersten Hand nach Unserer Stadt Altona gebracht worden sind, und solchergestalt von Altona nach den Häfen Unserer Königreiche eingeführet werden.

Wornach sich alle und jede, die es angehet, allerunterthänigst zu achten. Urkundlich unter Unserm Königl. Handzeichen und vorgedrucktem Insiegel.

Ge

Gegeben auf Unserem Schlosse Friedensburg, den 17. Junii 1779.

(L. S.) *Christian R.*

Schimmelmann. *Classen.*

Schlegel.

Und endlich haben Ihro Königl. Maj. noch bei dem Ablauf des 1779sten Jahres, die landesväterliche allerhöchste Gnade gehabt, der Stadt Altona den Handel nach den westindischen Inseln St. Thomas und St. Jean laut der deshalb ergangenen Verordnung allermildreichst zu erlauben.

In diesen bisher erzehlten Zustand befindet sich Altona, welches, durch die herrlichsten Privilegia, völlige Freiheiten der Religionen, überaus bequeme Lage zur Handlung, auch unermüdete Bemühungen der Vorgesetzten rc., als eine natürliche Folge, ein Jahr nach dem andern unfehlbar zunehmen muß. Nach hiesiger Gegend zu rechnen, sind die nothwendigsten Lebensmittel in Ueberfluß und wohlfeil; Schiffbau, Schiffahrt, Handlung und Manufacturen kommen nach äusserstem Bestreben täglich in mehrern Flor, und mit diesem sucht man zugleich hieselbst einen Sitz der Wissenschaften und Künste zu verbinden. Dies sind denn auch die unfehlbaren Mittel, durch welche vermittelst richtiger Directionen eine Stadt in blühendem Stande gesetzt und erhalten werden könne, und der vortrefliche Endzweck, eine blühende Stadt und glückliche Bürger zu sehen, wird mit der fortdaurenden Gnade ihres mildreichen Königs gewiß erreicht werden.

Fünfter Abschnitt.

Beschreibung der Stadt Altona nach ihren Gassen und Gebäuden.

Altona liegt jähling an einem Berge, welcher von da bis Blankenese fortgeht, und vermuthlich in alten Zeiten der Süllenberg geheissen, jetzt aber, wie schon vorgedacht, Wittenbergen genannt wird. Es ist also eine natürliche Folge, daß einige Gassen, besonders die nach der Elbstrasse gehen, sehr abhängig sind. Letztere ist ehedem der blosse Elbstrand gewesen, jetzt aber mit den schönsten Häusern bebauet.

Die Stadt ist in 4 Quartiere, nemlich das Oster- Süder- Wester- und Nordertheil eingetheilet, und hat überhaupt 56 Strassen, die kleinen Gänge und sogenannte Twieten ungerechnet.

Die Anzahl der Häuser war nach des Herrn Sachwalter Schmid historischen Beschreibung Ao. 1743 circa 3000, welche durchgehends mehrentheils 2 Etagen (auch viele 3, 4 und 5 Etagen) hoch und von Brandmauer erbauet, größtentheils aber so eingerichtet sind, daß mehrere Familien besonders darinn wohnen können, daher der Zeit an dergleichen Wohnungen gewiß 4000 zu rechnen waren. Seit Ao. 1744 ist Altona mit circa 120 mehrentheils auf wüste Plätze erbauete Erben vermehret worden. Jedes dieser Erben aber begreifet, wie auch oben gedacht, mehr als ein Haus in sich, und sind gemeiniglich darunter mehrere Häuser, Wohnsäle, Wohnkeller und Buden befasset. Der Betrag solcher verschiedenen Wohnungen machet in den letztberührten 129 neuen Erben ungefehr 330 aus, folglich befänden sich anjetzo hieselbst circa 3120 Häuser und gewiß 4330 der gedachten Wohnungen.

Da-

Dadurch, daß diese neue Wohnungen auch von besonderen Familien bezogen worden, ist nothwendig der Schluß zu nehmen, daß die Anzahl der Menschen zu Altona sich seit 1744 vermehret und nicht vermindert habe, obgleich im Gegentheil in den ältern sowohl, als in diesen neuen Erben sich wiederum seithero merkliche Wohnungen verlohren, die nicht mehr besonders bewohnt werden, sondern zur Erweiterung anderer Nebenwohnungen eingezogen worden. Die ganze Anzahl der Menschen ist eben wohl nicht mit der genauesten Gewisheit zu bestimmen, um so weniger, da ich solche in der jährlichen Anzeige der Copulirten, Gebohrnen und Gestorbenen suchen müssen. Hiernach aber sind in den 6 letztern Jahren überhaupt 899 copulirt, 3765 gebohren, und 3661 gestorben; folglich würden ein Jahr ins andere gerechnet, hieselbst jährlich 150 copulirt, 628 gebohren, und 610 gestorben seyn. Man kann also rechnen, daß Altona in allen 24400 Menschen hat, und diese Anzahl dürfte wohl nachstehendermassen zu finden seyn, nämlich

an Lutheranern : : : 19982 Menschen.
: Reformirten : : : 1084 : :
: Mennonisten : : : 321 : :
: Römischcatholischen : : 602 : :
: Portugiesischen u. deutschen Juden 2411 : :

Summa 24400 Menschen

Gewöhnlichermassen finden wir, daß in den Städten, besonders in grossen Städten, mehrere Menschen sterben, als gebohren werden; in unserm lieben Altona aber ist das Gegentheil, denn in den 6 letztern Jahren sind 104 Menschen mehr gebohren, als gestorben. Gewiß für eine Stadt, von Altonas Grösse, ein seltener Fall, aber auch ein ziemlich richtiger Beweiß, daß dieselbe ausser ihrer reizenden Lage, ein gesunder Ort und nicht so klein seyn muß, wie sich vielleicht viele es bisher eingebildet haben.

Da die Stadt vorgedachtermassen überhaupt nicht alt, sondern bis auf einige wenige Häuser, seit dem schwedischen Brande Ao. 1713 neu erbauet, so kann sie natürlicherweise auch keine Gebäude aufzuweisen haben, die das Alterthum merkwürdig machen. Ich will also die vorhandenen öffentlichen Gebäude, die gewiß auch nicht zu verachten sind, kürzlich berühren, und mit dem Rathhause, wovon die vörderste Facade ganz accurat auf meiner hiebei ausgegebenen Charte befindlich, den Anfang machen. Es liegt Lit. b. im sogenannten Grunde, recht am Markte, und macht, da es italiänischer Bauart ist, ein sehr hübsches Ansehen. Man kömmt von der Marktseite, vermöge einer grossen an zwei Seiten hinaufführenden steinernen Treppe hinein, und auf eine geräumige Diele. Hier findet man rechter Hand die Stube, wo das Obergericht seine Seßiones hält, und dann dasjenige Zimmer, wo die Commißiones gehalten werden. Zur linken Hand ist zufoderst die Niedergerichtsstube, hiernächst die Kämmereistube, wo alle Hebungen, Contributionen und dergleichen eingenommen werden. In der zweiten Etage, durch welche man vermittelst einer Gallerie hinauf siehet, sind ausser einigen Zimmern für den Kämmereibothen, nebst dem sogenannten Bürgergehorsam, noch andere Gefängnisstuben, und oben ist ein kleiner Thurm, unter dem Rathhause aber der durchaus gewölbte Rathskeller. Hinter dem Rathhause ist ein Wachthaus, für die Stadtwache, wo oben und unten noch Gefängnisse sind.

Hiernächst kommt die evangelisch-lutherische Kirche Lit. d. zu betrachten, sie ist, ausser dem Thurm, Ao. 1742 & 1743 von Grund auf neu und ins Kreuz gebauet. Die Länge von Osten bis Westen am Thurm ist

ist 110 Fus, die Breite 48 Fus, ins Kreuz aber 118 Fus. Sie ist durchgängig gewölbet, und die Stuccaturarbeit daran ist sehr schön. Das Altar und die Kanzel sind zwei Stücke, die besonders ins Auge fallen. Beides ist aus dem schönsten Eichenholze gemacht, und die Vergüld= und Lackierung, wie auch die Bildhauerarbeit, ist unverbesserlich. In dem Altare sind zwei Gemälde, die sehenswürdig sind. Das erstere stellet den von den Königen oder Weisen aus Morgenlande bei dem neugebohrnen Heilande abgestatteten Besuch, das zweite aber, ein Nachtstück, das von Christo gehaltene Osterlamm und dabei eingesetzte Abendmal, vor. In beiden herrschet ein guter Geschmack in Ansehung der Coloriten und Stellung, und die ausgedruckten Kennzeichen in den verschiedenen Gesichtern sind billig hoch zu schätzen. Sie rühren von einem berühmten Mahler, Namens Oeding, her, der hieselbst seßhaft gewesen. Die Orgel ist unvergleichlich, und überhaupt in der ganzen Kirche, was die Gänge, Stühle, Fenster und Farben betrift, eine Aehnlichkeit wahrzunehmen. Sie behauptet also wohl den Namen der schönsten Kirche in beiden Herzogthümern Schleswig und Holstein. Aeusserlich hat sie zween Thürme, der größte ist bereits Ao. 1649 erbauet, und weil er gut gewesen, bei Niederreissung des alten Kirchengebäudes stehen geblieben. Der kleinere ist mitten auf dem Kreuze der Kirche, und mit einer Gallerie umgeben, auf welchem die Musikanten bei Haltung einer Musik vom Thurm, stehen können. An der grossen Kirchthüre nach Süden ist der Name C. 6tus, und an der nach der Vorderseite diese Inscription zu lesen: Anno 1742 den 11. April, ist zu dieser evangelisch-lutherischen Kirche der Grundstein von dem p. t. Präsidenten, Herrn von Schomburg, und dem Probst, Herrn Bolten, als Visitatoribus, gelegt, und die Einweihung der Kirche ist glücklich verrichtet worden den 8. Septembr. 1743.

In der Folge kommt das Königl. academische Gymnasium für. Selbiges liegt Lit. e. in der sogenannten Schulstrasse, die von der kleinen Mühlen nach der Königsstrasse führet, und bestehet aus einem Hauptgebäude, Flügeln und einem Nebengebäude. In dem Hauptgebäude, sind nebst der Wohnung des Directoris die Auditoria fürs Gymnasium. In dem neuen Flügel nach der Königsstrasse zu, ist das zu Disputationen, Panegyricis, Examinibus, Actibus Oratoriis und andern feierlichen Handlungen bestimmte grosse Auditorium, in welchem die beiden Gemählde Sr. in Gott ruhenden Königl. Majestät, Friedrich des Fünften glorwürdigsten Andenkens, und Sr. itzt regierenden Königl. Majestät aufgestellet sind, und sowohl wegen ihrer vortreflichen Aehnlichkeit, als auch besonders deshalb die vorzüglichste Aufmerksamkeit verdienen, weil das hiesige Gymnasium solche der Gnade beider Regenten zu verdanken hat. Ueber selbigen sind Zimmer für Studirende, im Keller aber wohnet der Oeconomus. In dem nach der kleinen Mühlenstrasse liegenden Flügel ist die Gymnasienbibliothek, welches Zimmer ehedem dem grossen Auditorio gewidmet gewesen. Sie ist wöchentlich 2 Stunden offen, und von dem Bibliothecario haben die, so solche besehen, alle nöthige Nachrichten und Gefälligkeiten zu gewärtigen. In den Zimmern über der Bibliothek wohnen Studirende, und die andern Häuser sind von den Professoribus bewohnet. In dem Hintergebäude ist die Vorbereitungsschule, allwo auch der Kantor wohnet. Die zu einer zu errichtenden Naturalienkammer bestimmten Zimmer sind nächst dem grossen Auditorio. Die über diesen Gebäuden stehende Inscriptiones sind merkwürdig. Der Erbauer des Hauptgebäudes hat

obohne Zweifel wohl vorher gesehen, daß es hiebei nicht bleiben würde, daher hatte er über die Thüre des Hauptgebäudes setzen lassen: In Fine Laus. Ueber der Thüre des zuerst erbauten nach der kleinen Mühlenstrasse liegenden Flügels stehen die Worte: Feliciter Tandem, und über der Thür des zweiten neuen Flügels nach der Königsstrasse zu, sind die Worte zu lesen: Expectatione Major.

Unter der Bibliothek wohnet der Gymnasienpedell. Der viereckigte Platz vor dem Hauptgebäude ist nach der Gasse zu mit einer hohen Mauer verwahret, auf welcher 4 alabasterne, heidnische Gottheiten vorstellende, Statuen gesetzet sind, so daß diese sämtlichen Gebäude einen sehr schönen Prospect machen. Sehr gerne hätte ich meinen Lesern dies schöne Prospect auf der Charte geliefert: alleine ich entschloß mich erst dazu, wie die Charte beinahe fertig war, Façaden von Gebäuden auf derselben mit anzubringen, und so schränkte der übrig gebliebene Platz meine Wahl ein.

Ferner lieget das Zucht- und Werkhaus Lit. g. in der kleinen Mühlenstrasse. Es bestehet aus einem Hauptgebäude und zwei Flügeln oder Seitengebäuden, die einen vierekten Vorhof bilden. In dem Hauptgebäude sind die Züchtlinge, die im Keller und der obersten Etage ihre Behältnisse haben, in der mittelsten Etage aber ihre Arbeit, mit Spinnen, Werkpflücken, oder auch im Keller mit Brasilienholzraspeln, verrichten. In dem einen Seitengebäude Lit. h. ist das Theatrum Anatomicum und die Hebammenschule angelegt, worüber der Leibmedicus und Physicus, Herr Doctor Hensler, Director ist. Es ist sehr geräumig und nach Art des Berlinischen sehr commode eingerichtet, und sehr sauber gemahlet. Man findet daselbst einige Scelette und Präparata, auch die gehörigen anatomischen Instrumente, und in dem über der Thür stehenden Steine, sind folgende Worte ausgehauen: Theatrum Anatomicum Anno MDCCXXXX. exstructum H. V. E., welche letztere Buchstaben den Namen des Wohlthäters andeuten, der diesen Stein dahin verehret hat.

Auf den zur Seite des Zuchthauses wüst liegenden grossen Platz, stehet der von Steinen aufgeführte Pranger Lit. f., welcher oben mit einer gehauenen steinernen Säule versehen, und mit einem eisernen Gitter umgeben ist. Ao. 1743 wurde er auf dem Markte vorm Rathhause erbauet, 1771 aber abgebrochen und hieselbst aufgeführt.

Gleich am Zuchthause ist das Armen- und Waisenhaus, nebst der heiligen Geistkirche; letztere Lit. i. ist nur klein, aber bequem genug eingerichtet. Das Waisenhaus Lit. k. ist einem Privatbürgerhause ähnlich, und hat ausserdem Logis für die beiden Catecheten, der Waisenschule, den Speisemeister und Zuchthalter, die Zuchthalterinn über die Mädgens, und einige Waisenknaben. Das Armenhaus Lit. l. aber bestehet in einer Reihe um die Kirche herum gebaueter Häuser, welche nur von einem Stockwerke sind, und abgesonderte Wohnungen für alte arme Personen beiderlei Geschlechts enthalten. Es ist dieses Armen- und Waisenhaus von dem Herrn Grafen von Reventlau, als damaligen Oberpräsidenten, Ao. 1720 erbauet, und können bei 80 arme Personen darinnen unterhalten werden.

Von hier kommt man zunächst in die Palemaille, welche von der sogenannten Rolandsburg ab und nach Ottensen zu gehet. Sie ist, wie es auf der Charte ersichtlich, mit vierfachen Reihen Bäumen besetzt, und im Sommer zu einem Spaziergange um so angenehmer

mer, als auf den Seiten artige Häuser, bei der sogenannten van der Smissenaller eine ausserordentliche schöne Vue, auch hinter den Häusern recht schöne Gärten angeleget sind. Die Aussicht von den Lusthäusern dieser Gärten, ist so schön, als es sich nur denken läßt, indem der Anblick der Elbe, die darinnen befindlichen kleinen Inseln, die Menge der kommenden und abgehenden Schiffe, und das gegenseitige Ufer dem Auge ein beständiges abwechselndes Vergnügen verschaffet. Aus der Palemaille kommt man durch zwei schöne Alleen nach der Elbstrasse hinunter, welche die beste und angenehmste ist, weil sie zur Handlung am bequemsten lieget, und mit den schönsten an dem Ufer der Elbe belegenen Häusern bebauet ist. Daselbst kommt man zuerst an die 1767 zur Königl. Heringsfischerei angekaufte beiden Häuser und dabei gehörige 3 Packräume Lit. n., deren innere Einrichtungen bereits oben pag. 77. beschrieben sind.

Sodann kommt man an den sogenannten neuen Hafen Lit. p., der nicht gar zu geräumig ist, sondern nur mittelmäßige Schiffe, Evers und kleine Fahrzeuge fassen kann. Gleich dabei ist der Holzhafen, auf welchen das längst der Elbe herkommende Holz ausgeladen, von den beiden beeidigten Holzsetzern in Faden gesetzt, und demnächst der Bürgerschaft verkauft wird.

Dichte daran ist das Ao. 1776 angekaufte Bank- und Börsenhaus, wie auch das zur Banque benöthigte Wachthaus Lit. o. Die Facaden beider Gebäude befinden sich auf der beigehörigen Charte.

So wie man ins Bancohaus kommt, findet sich in der ersten Etage rechter Hand die Directionsstube, linker Hand des Caßirers Comtoir, und hinten Logis für den Börsenwärter. In der 2ten Etage sind vorne an der Strasse die beiden Comtoirs für die Buchhalter
und

und Abschreiber, hinten nach der Elbe aber der Börsensaal. Sodann ist in der 3ten Etage das Logie des Buchhalters eingerichtet.

Auf dem Fischmarkte Lit. r. ist Ao. 1742 ein schöner Springbrunnen von sehr gut ausgehauenen Steinen, ganz neu aufgeführet, oben auf demselben stehet der Wassergott in Stein ausgehauen.

Das vor der Reichenstrasse liegende und nach Hamburg führende Stadtthor bei Lit. E. hat das beste Ansehen, und führet, nach der hamburgischen Seite zu, den Königlich gekrönten Namenszug, von zween Löwen gehalten, mit den Worten: Gloria ex amore Patriae; inwendig aber um das Stadtwappen die Worte: Nobis bene nemini male.

Auf der grossen Freiheit findet man das geräumige und ansehnliche Königl. Lottohaus Lit. u. Dessen innere Einrichtung bestehet in der ersten Etage aus einem Zimmer zur Generalrevision, einem zum Castelet, und drei Zimmern zur Revision und Controlstempelung. Dann, in der 2ten Etage, sind das Conferenzzimmer, ein Zimmer zur deutschen Correspondenz, eins zur Casse, eins zur Abrechnung, und eins zur Buchhaltung. Ferner, in der 3ten Etage: Noch ein Zimmer zur Generalrevision zwei zur dänischen Correspondenz und Hauptstempelung, eins zum Archiv, eins zu den Litteralien, und eins zum Kopenhagener Lottocomtoir. Im Sous terrain wohnet der Lottocastellan, und in dem ganzen hintersten Gebäude ist die völlige Einrichtung der Lottodruckerei. Dies Gebäude ward Ao. 1771 von den damaligen Lottointeressenten angekauft, und 1772 vorgedachtermassen dem Könige alleine überlassen. Das Gebäude selbst, soll, wie ein gewisser Autor meldet, zu dem herrlichen Endzweck eines hieselbst zu etablirenden Waarenlagers

gers der Kopenhagener octroyrten ostindischen Compagnie, von einem Particulier neu erbauet und des Endes eingerichtet worden seyn. Indessen würde zur Erreichung dieser Absicht ein Platz in der Elbstrasse, der Lage wegen, viel bequemer und vortheilhafter gewesen seyn; denn die Elbe, die durch einen so grossen Theil von Deutschland läuft, fließt auch dieser Strasse dichte vorbei, und ergießt sich bekanntermassen in die Nordsee.

Nun ist noch in der Johannes- und Annenstrasse die Königliche Münze zu finden, welche folgendermassen aus verschiedenen Gebäuden bestehet: nämlich Lit. a. 1. In der Johannisstrasse ein langes Gebäude von 1 Etage, worinnen für die zur Münze gehörige Unterbediente, als Gevollmächtigter, Justirer, Präger, Schmelzer, Schmid und Pförtner, 6 Logis befindlich. Hierauf folget, gleichfalls in der Johannisstrasse Lit. a. 2. das sogenannte aber noch immer ansehnliche alte Gebäude von 2 Etagen; wo in der 1sten Etage, 5 Prägzimmer mit eben so vielen Münzpressen befindlich sind, unter letztern kann besonders die grosse Medaillenpresse, ihrer Grösse und Vortreflichkeit wegen, wohl ein seltenes und rares Stück genannt werden. Sie ist auf des Herrn General-Kriegscommissair Classen Eisenfabrique, 4 Meilen von Kopenhagen, gegossen worden, und verdient von Kennern gesehen zu werden. Ferner eine geräumige Materialkammer und endlich ein Siedehaus, wo das Geld weißgekocht wird, worinn 2 Kochöfen und ein steinerner Guß ist, um das gekochte Wasser in ein Reservoir zu leiten, damit nichts abhänden komme. In der 2ten Etage wohnet der Münzmeister, welcher 6 Zimmer und eine Küche hat, die sämtlich mit der untersten Einrichtung correspondiren. Von diesem Gebäude gehet man vermittelst Communionsgänge sowohl in der unter- als

ober-

obersten Etage, in das sehr suffisant und von Grund auf neuerbaute ansehnliche Münzhaus, welches theils in der Johannes- und theils in der Annenstrasse Lit. a. 3. stehet, und 2 Etagen hoch ist, deren erste Etage in folgenden Abtheilungen bestehet, als: 1.) Das grosse Mühlenwerk und in diesem grossen Raum noch eine Weinsteinmühle. 2.) Das Silberschmelzzimmer, worinn 3 Windöfen und 2 Kasten zum Silbergiessen. 3.) Die Silberprobierstube mit Probierofen und übrigen Probiergeräthschaften. 4.) Die Probierkammer mit der Probierwaage zum Silber, nebst einem Gewölbe zum Silberverwahren. 5.) Noch eine Probierkammer mit Waage und Gewölbe zum Golde. 6.) Die kleine Probierstube zum Golde. 7.) Die Schmelzstube zum Golde mit 3 aufgeführten Oefen, welche letztere aber auch zum Silberschmelzen dienen können; und eine Scheuertonne zur Reinigung des Geldes. 8.) Das kleine Mühlenwerk. 9.) Die Schmiede mit 2 Essen und sämtlicher Schmiedegerätschaft, woselbst alle Machinen und Münzgeräthschaften verarbeitet werden, wobei auch eine Drehlade zum stählernen Walzenschleifen und Poliren befindlich. 10.) Die verdeckte Einfahrt. 11.) Das Kohlenhaus oder Remise mit einem inventieusen Kohlenmaaß. 12.) Eine Treppe zu Aufbringung der Kohlen. 13.) Ein Torfbehältniß. 14.) Ein Holzbehältniß. 15.) Eine Wagenremise. 16.) Stallraum zu 12 Pferden, nebst Stallkammer. 17.) Im Hofe eine sehr grosse steinerne Wasserkumme zur Abspülung des gekochten Geldes. Dann die 2te Etage, als: 1.) Das grosse Mühlenwerk, mit 6 Walzwerken, nebst 8 Durchschnitten, zwei Glüdöfen und einem Justiertisch. 2.) Ein Comtoir für dem Münzmeister. 3.) Ein grosses Schreibcomtoir bei dem grossen Mühlenwerk, zum Silber gehörig. 4.) Ein Schreibcomtoir des Gol-

des

des, zum kleinen Mühlenwerk gehörig. 5.) Das kleine Mühlenwerk zum Golde, mit 3 Walzwerken und 7 Durchschnitten, nebst 3 Benemmungswerken und 3 Randwerken von verschiedener Einrichtung. Das simpelste, schönste und nützlichste aber hat man der eigenen Erfindung des jetzigen Herrn Münzmeisters Lyng zu verdanken. Dann kommt 6.) eine Materialkammer, und 7.) ein grosses Zimmer, Gold und Silber aufzubewahren.

Bei dieser Königl. Münze hieselbst sind gegenwärtig angesetzt:
Herr Caspar Henrich Lyng, Münzmeister.
- - Diederich Liebst, Münzwardein.
- - Johann Henrich Wolff, Hofmedailleur und Stempelschneider.

und die dazu gehörigen Handwerker.

Das Wohnhaus Sr. Excellenz des Herrn Geheimeraths und Oberpräsidenten von Gähler Lit. m. ist kein publikes, sondern ein Privatgebäude.

Die übrigen publiken Gebäude sind die Kirchen der andern Religionsverwandten.

Die Reformirten haben 2 Kirchen, eine teusche Lit. s., worinn auch holländisch geprediget wird, und eine französische, Lit. t. Sie liegen dichte an einander in der Reichenstrasse und kleinen Freiheit. Beide von keinem sonderlichen Ansehen, auch inwendig ohne Bilder und Zierathen.

Die catholische Kirche Lit. v. ist auf der grossen Freiheit sehr ansehnlich erbauet. Der heil. Josephus ist Patron davon, dessen Bildniß man auch über der Kirchenthüre in Stein gehauen erblickt. Die Kirche ist inwendig mit schöner Mahlerei, Plafonds und Bildern ausgezieret, das Altar überaus prächtig, wie denn auch bei der Kirche kostbare Meßgewande sind.

Auch die Mennonisten haben auf der grossen Freiheit ihre Kirche, Lit. w., solche ist sehr artig gebauet, aber, wie bei ihnen gebräuchlich, ohne einige Zierathen.

Dann ist noch auf der grossen Freiheit, die vormalige kleine Mennonistenkirche Lit. x. Selbige gehöret jetzt einem Particulier, und die Gemeine hält durch einen herrenhutischen Prediger daselbst ihren Gottesdienst.

Die deutsche Judensynagoge Lit. z. liegt zwischen der breiten und kleinen Papegoyenstrasse, ist sehr groß, auch inwendig mit vielen Kronleuchtern nach ihrer Art gezieret, und die Decken, so bei dem sogenannten Heiligsten hängen, sind sehr reich und kostbar.

Die portugiesische Judensynagoge Lit. tz. stehet an der neuen Beckerstrasse, ward erst Ao. 1771 erbauet und eingeweihet, ist zwar nicht groß, dennoch von ziemlichen Ansehen, und inwendig artig genug, auch mit 9 grossen Kronleuchtern und verschiedenen Armleuchtern gezieret. Gleichfalls sind hier die Decken sehr reich und kostbar.

Sechster Abschnitt.
Von der Justiz- und Policeiverfassung.

In den vorhergehenden fünf Abschnitten ist das Merkwürdige der Stadt Altona überhaupt abgehandelt. Da diese aber stärker geworden, als ich erwartete; so bin ich genöthiget, folgende Abschnitte mehr einzuschränken.

So bald als König Friedrich der Dritte Altona im Jahr 1664 zur Stadt erhob, ward ein Präsident, nebst Bürgermeister und Rath derselben vorgesetzet. Diese erhielten nebst der Civilgerichtsbarkeit, auch die

pein-

peinliche an Hals und Hand, ohne einige Appellation, noch vom Könige zu erbittende Confirmation einer peinlichen Urtel, jedoch, daß in letzten Fällen sämtliche Bürgerschaft nach geschehener Convocation, sich auf dem Rathhause versammlen, und daselbst nach angehörten mündlichen Recessen ein Urtel fälle. Von dieser sogenannten hochpeinlichen Halsgerichts: und wohllöblichen Niedergerichtsfindung aber war dem Fiscall oder Defensori die Provocation ans Obergericht frei gelassen.

Diese Einrichtung ist aber in den folgenden Zeiten aufgehoben und dem Magistrat allein die Verwaltung der Criminalgerichtsbarkeit aufgetragen. Der Oberpräsident hat auf die Stadt, wie auch derselben Kämmerei- und Policeisachen die Oberaufsicht. Er läßt in seinem Hause ein eigenes Protocoll halten, und hat in allen causis liquidis solitariam, in illiquidis aber concurrentem iurisdictionem mit dem Magistrat. Vormünder und Curatores werden von ihm bestellet; und die Erlaubniß, sich verehlichen zu dürfen, muß bei ihm gesucht werden. In seinem Hause sind die Schuld- und Pfandprotocolle oder das Stadtbuch; Er präsidirt im Consistorio, wo Matrimonial- Kirchen- und andere Sachen vorkommen; Er hat die Stadtssiegel in seiner Verwahrung; Die Executiones der gerichtlichen Aussprüche und alle Arreste müssen bei ihm gesucht werden. Der Oberpräsident mit dem Magistrat, verwaltet die Ihnen anvertraute Jurisdiction, verhöret und entscheidet die vorkommenden Rechtssachen, sie halten zusammen über die Policeiordnung, und haben auf Elle, Maaß und Gewicht und dergleichen genaue Achtung. Verschiedene besondere Stadtangelegenheiten, sind einzelnen Gliedern des Magistrats anvertrauet. Zum Armenwesen ist einer bestellet. Einer hat die Auffsicht des Zucht- und Werk-

Hauses. Zween ist die Auffsicht der Feuerordnung anvertrauet, und andere haben als Patronen der verschiedenen Aemter deren innerliche Verfassung in Ordnung zu erhalten, und die unter selbigen vorfallende Streitigkeiten zu schlichten. Die Versiegelungen und Inventuren der Sterbbuden und andere so Judicial als Extrajudicialsachen werden von ihnen commißionsweise mit Zuziehung der Secretarien verrichtet.

Die Präsidenten und Oberpräsidenten, welche Altona überhaupt gehabt, sind folgende gewesen:

1.) Herr Rudolf Rohland, bis Ao. 1680, da er Assessor und endlich Rath des Altona- und Pinnebergischen Oberappellationsgerichts wurde. Präsident.
2.) Herr Matthias Jessen. Etatsrath, starb 1712. Präsident.
3.) Herr Claussen, ging ab 1714. Präsident.
4.) Se. Excellenz, Herr Christian Detlef Graf von Reventlau, Königl. Oberkammerherr, Geheimer Rath, General- und Oberjägermeister, des Elephantenordens Ritter u. s. w. Oberpräsident bis 1732.
5.) Herr Matthias Jessen. Justizrath, starb 1736, als Präsident.
6.) Herr Bernhard Leopold Volkmar von Schomburg. Conferenz- und Regierungsrath, des Brandenburgischen rothen Adlerordens Ritter, ging ab als Präsident Ao. 1746.
7.) Se. Excellenz der Hr. Graf von Ranzau zu Ascheberg. Geheimer Rath und nachhero Ritter vom Elephanten, als Oberpräsident, ging ab 1749.
8.) Se. Excellenz der Herr Graf von Reventlau, damaliger Kammerherr, nunmehriger Geheimerrath, Oberkammerherr, Curator der Universität zu Kiel, des Elephantenordens Ritter, als Oberpräsident, ging ab 1751.

9.)

9.) Se. Excellenz Herr Henning von Qualen, damaliger Geheimerrath, nunmehriger geheimer Conferenzrath und Probst des adelichen Klosters zu Uetersen, des Elephantenordens Ritter, als Oberpräsident, ging ab Ao. 1766.

Nach Abgang desselben war, weilen des Herrn Geheimenraths von Gähler Excellenz noch nicht von Dero Gesandschaftsposten zu Constantinopel retourniret wesen, der weiland Herr Etatsrath und erster Bürgermeister Baur so lange zum Verweser der Oberpräsidentur bestellet.

10.) Se. Excellenz der Herr von Gähler, Geheimerrath und Ritter des Dannebrogsorden, als Oberpräsident. Dero schätzbares Leben, man noch lange aufrichtigst wünschet, traten den 4. Julii 1767 Dero Amt an.

Seit dem Abgang des Herrn Conferenzraths und Präsidenten von Schomburg, im Jahre 1746, sind also zu Altona keine Präsidenten, sondern immer Oberpräsidenten allerhöchst verordnet gewesen.

Die Stadt Altona wird also in dem 1780sten Jahre verwaltet von dem gütigen Herrn Oberpräsidenten

Sr. Excellenze Herrn Sigismund Wilhelm von Gähler, Ritter vom Dannebrog und Geheimenrath.

Die Membra des Stadtmagistrats sind:

Herr Johann Adolph Peter Gries, Etatsrath, auch dirigirender und vorsitzender erster gelehrter Bürgermeister.

Johann Hinrich Baur, Etatsrath und Bürgermeister.

Hinrich Ziegler, Vicebürgermeister, gelehrter Rathsherr und zweiter Stadtsecretair.

Herr Caspar Siegfried Gähler, Syndicus und erster
   Stadtsecretair.
: : Hieronymus Behn, Rathsherr.
: : Johann Thomas von Bachmaier, Justizrath
   und gelehrter Rathsherr.
: : Georg Christian Fleischer, Justizrath, gelehr=
   ter Ratsherr und Stadtvoigt.
: : Martin Gabriel Eichler, Rathsherr.
: : Gottlieb Leisner, supernumerair gelehrter Raths=
   herr.
: : Sebastian Hinrich Gerken, Licentiat, adjungir=
   ter und demnächst succedirender zweiter Stadtse=
   cretair.

  Des Prätoris Amt, welches mit dem Anfange
jeden Jahres einem der Rathsherrn von dem Ober=
präsidenten durch ein Commissorium ertheilt wird,
bestehet eigentlich in Direction des Niedergerichts,
Beilegung oder Hinderung der vorkommenden, die
allgemeine Sicherheit störenden Schlägereien und Tu=
multe. Es liegt auch dem Prätori insbesondere auf,
über die bruchfälligen Sachen zu vigiliren, und er
wird während seines Amts zu allen aus dem Ober=
präsidio und dem Obergericht angeordneten Commiss=
sionen gezogen.

  Der Stadtvoigt sorgt für des Königs Interesse
bei bruchfälligen Sachen, weshalb er auch von den
Brüchen seinen Antheil hat. Bei den noch üblichen
Beschreiungen eines Ermordeten hegt er das peinliche
Gericht. Er sitzt beständig im Niedergericht, und ist
zugleich Wechselrichter.

  Die Oberpräsidial=Audienzen, worinn gerichtl.
Sachen summarisch verhandelt und entschieden wer=
den, sind alle Mittewochen und Sonnabend. Der
Magistrat oder das sogenannte Obergericht versammlet
   sich

sich ordentlicherweise des Montags und Donnerstags, und das Niedergericht wird Dienstags und Freitags gehalten.

Das Niedergericht wird jährlich vom Oberpräsidenten angeordnet. Die Glieder des Niedergerichts sind: Der jedes Jahr zu ernennende Prätor, der Stadtvoigt, ein Kämmereibürger, der gleichfalls alle Jahr mit einem andern abwechselt, und der Secretarius, der das Protocoll hält. Es sollen darinn alle geringe Schuldsachen bis auf 10 Rthlr. und die Injuriensachen vorgenommen und abgethan werden. Die Absicht geht dahin, daß alle solche geringfügige Sachen ohne Zeitverlust und viele Kosten abgethan werden sollen.

Der Secretarius ist schuldig, die Klagen mündlich aufzunehmen und den Parteien darinn zu helfen. Es sollten im Anfange keine Advocaten noch Notarien daselbst zugelassen werden; dieses hat aber einige Veränderungen erlitten, und ist denen Notariis, wenn sie vorher als Ordinarii vom Oberpräsidenten hieselbst aufgenommen sind, vermöge einer durch ein Präsidialpatent vom 9. Maji 1741 bekannt gemachten Königl. Resolution erlaubet worden, vor dem Niedergericht zu erscheinen. Von den niedergerichtlichen Aussprüchen stehet jedoch dem beschwerten Theile frei an das Oberpräsidium zu provociren, woselbst das ausgehende Recht ist.

Unter der Gerichtsbarkeit des Magistrats sind ordentlicherweise alle Einwohner der Stadt, ausser den mit einem Rang vom Könige versehenen Personen, Geistlichen, und Professoren des Gymnasii. Die Geistlichen haben beim Consistorio, die Professores aber beim Gymnasio ihr Forum. In Ansehung der Characterisirten aber ist im Jahre 1744 eine Präsidialverfügung bekannt gemacht worden, wodurch selbige in einigen Fällen der Cognition des Präsidii und des Magistrats unterworfen worden.

Die Appellationes gehen von dem Magistrat an das altonaische Oberappellationsgericht, so in Glückstadt zweimal im Jahr gehalten wird. Dies Gericht bestehet aus den Membris der glückstädtischen Regierung. Die Appellationes müssen entweder in continenti nach abgesprochener Urtel stante pede und viva voce oder innerhalb 10 Tagen vor 2 Notarien interponiret werden. Der Appellant erlegt bei der Appellation zugleich die Appellationsgebühr mit einem sogenannten Appellationsgulden oder dänischen Courantducaten. Dieses ist ein solch wesentliches Stück, daß wenn solcher Appellationsgulden mangelt, oder nicht gleich erlegt ist, die Appellation auch nicht angenommen wird. Dieser Appellationsgulden wird zurück gegeben, wenn die Appellation rejiciret wird, sonst aber behalten, in welchem letztern Falle ein Termin zur Bestellung der solemnium Appellationis, die nach Abschaffung des Appellationseides bloß in der Leistung der Caution pro Appellatione bestehen, anberahmet wird.

Der Wechselproceß ist ganz summarisch, und wird beim Magistrat ausser in reconventione nicht geführt; denn weil der Königl. Stadtvoigt Wechselrichter ist, so lässet selbiger den, auf welchem ihm ein Wechsel gebracht wird, sogleich vor sich fordern, und wenn dieser den Wechsel recognosciret, so ist er ohne einige weitere Ausflüchte schuldig denselben zu bezahlen, jedoch muß der Kläger auf Verlangen des Beklagten demselben pro reconventione Caution bestellen, und was dieserwegen auszumachen ist, muß

vor

vor dem Magistrate in processu ordinario geschehen.

Zur guten Policei gehöret alles dasjenige, was einen Staat blühend machen kann, mithin ist die Einrichtung einer guten Justiz, Beförderung der Handlung und Manufacturen, Erhaltung der allgemeinen Ruhe und Sicherheit, nothwendig. Indessen muß doch die Verfassung einer Stadtpolicei in einem engern Begriff genommen werden. Hierzu gehöret nun fürnemlich die Einrichtung einer regulairen Bürgerschaft, derselben und des Ihrigen sichere Erhaltung, gute Maaß und Gewicht, Einschränkung der Tagelöhner, Taxen der Victualien, äusserliche Zierde der Häuser und Gassen, Verhütung aller Verschwendung rc. In dieser Absicht soll zu Folge Königl. Verordnung von Ao. 1705, sich niemand in der Stadt zu wohnen begeben, bevor er sich bei dem Magistrat gemeldet, seinen Namen und Handthierung ins Bürgerregister zeichnen lassen und in Eid und Pflicht genommen. Ferner wird scharf darauf gesehen, daß sich nicht allerhand liederliches Gesindel in die Stadt schleiche, und damit auch so viel möglich verhütet werde, daß verdächtige Leute ohne examinirt zu seyn nicht in die Stadt kommen, so wird nicht nur bei der von den Kämmereibürgern alle Jahr zu haltenden Visitation, das Contributionscataster in Ordnung zu bringen, darauf insbesondere gesehen, sondern es ist auch durch eine Verordnung allen und jeden verbothen worden, jemanden, der nicht Bürger ist, ein Haus, Wohnung oder Stube zu verhauern, falls er nicht gewärtigen will, daß wenn von solchen Leuten etwa einer stirbt, und aus eigenen Mitteln nicht begraben werden kann, derselbe auf des Verhäurers Kosten zur Erde gebracht, und selbiger noch dazu gestraft werde.

Die äusserliche Sicherheit der Bürgerschaft zu befördern, ist, weil die Stadt von Einquartierung der Königl. Truppen allergnädigst befreiet worden, eine eigene Stadtmilice angeordnet, welche sowohl zu militairischen Executionen, als Verhütung alles entstehenden Tumults und Lermens, wie auch Patrouillirung der Gassen gebraucht werden, und von welcher ein Posten der Hauptwache beim Rathhause, ein Posten bei der Münze, ein Posten und Unterofficierswache bei der Banque, und eine Unterofficierwache nebst Posten aufm Fischmarkt gesetzt werden. In den Wintermonaten muß ausserdem alle Abend eine Bürgercompagnie um 8 Uhr aufziehen und bis 6 oder 7 Uhr des Morgens zusammen bleiben. Die auch des Nachts in allen Strassen stets Patrouillen abgehen lassen.

Die vorgekehrten Anstalten bei entstehender Feuersbrunst sind sehr gut, und sämtliche Häuser in der Königl. Generalbrandcasse für die Städte des ganzen Reichs hinreichend versichert; wie denn auch sehr gute Feuergeräthschaften vorhanden, und jede hieselbst vorhandene Kirche und Gemeine eine oder mehr Sprützen sich selbst halten muß; so daß überhaupt 12 Stück vortrefliche Sprützen mit 7 Zubringern vorhanden sind.

Die Nachtwache bestehet aus einer Anzahl in allen Strassen vertheilter Nachtwächter. Sie rufen alle halbe Stunde der Nacht, wie hoch es an der Zeit sei, stossen dabei ins Horn, und wenn es anfängt zu tagen gehen sie ab.

Auf richtig gestempeltes Maaß und Gewicht wird verordnungsmäßig scharf gehalten. Die Vor- und Aufkauferei der Victualien sind verbothen, und die Brodtaxe für die Becker wird öfters alle Monate nach dem steigend und fallenden Preisen des Korns geändert, wesfalls sowohl hier, als über die mit Gewicht

und

und Ellenmaaß zu thun habenden, öftere Visitations angestellet werden.

Auf die äusserliche Zierde der Stadt wird, so viel möglich, gesehen, und zur Reinigung der Gassen wird jährlich eine grosse Summe Geldes verwandt, so denen Pächtern gegeben wird, die diese Gassenreinigung übernommen.

Der Verschwendung vorzukommen, ist verordnet, daß niemand Gevatter- oder Hochzeitsgeschenke geben oder nehmen soll, und die eingerissene Pracht bei Beerdigung und Betrauerung der Todten ist durch eine Verordnung eingeschränkt.

Ein Herr des Raths hat über das Zuchthaus als Patron die Aufsicht, und aus der Bürgerschaft sind 4 Provisores ernannt, welche sowohl des Hauses Revenüen verwalten, als dahin sehen, daß die Oeconomie zum rechten Zweck, theils auf die Verbesserung der Züchtlinge, theils zum Besten des Hauses geführet werde. Zur Verwaltung der Oeconomie ist ein Speisemeister bestellet, der die Züchtlinge gehörig speiset, und der verordnete Zuchtmeister muß die Züchtlinge durch gewöhnliche Zwangsmittel zur Arbeit, in Wolle spinnen, Werkpflücken und Holzraspeln, anhalten.

Die Oberaufsicht über die Policei ist dem p. t. Oberpräsidenten anvertrauet, die specielle Beobachtung derselben aber für jetzt dem Königl. Justizrath Herrn von Bachmaier, als Policeimeister, allergnädigst aufgetragen, dessen Verfügungen die Unterbediente zu befolgen haben.

Siebenter Abschnitt.

Von den Einkünften der Stadt und deren Verwaltung.

Von Ihro Königliche Maj. ist ein eigener Stadt=cämmerier allergnädigst verordnet, der sowohl die dem Könige beikommende Einkünfte aus der Stadt erhebet, als die Ausgabe und Einnahme derselben reguliret. Das Collegium der Cämmereibürger bestehet aus 8 Personen, welche aus der besten Bürgerschaft genommen werden; welchen obliegt, die Stadt=Hebungen einzucaßiren, und des Endes das Bürgercatastrum in gehöriger Ordnung zu halten, auf publike Stadtgebäude, Gassen und dergleichen zu sehen, damit solche in baulichem Stande bleiben, auch übrigens, was zum Nutzen und zur Wohlfahrt der Stadtbürgerschaft gehöret, mit anzuzeigen.

Mit dem Abzugsgelde hat es jetzt die Bewandniß, daß diejenigen Fremden, die seit den 28. Dec. 1771 sich hieselbst etablirt haben, auch noch künftig seßhaft oder wohnbar werden mögten, von aller Decimation bei ihrem etwanigen Abzuge gänzlich eximirt seyn sollen. Wie solches auch das beigefügte vorstehende Patent pag. 110. §. 19. mit mehrern ausweiset.

Die in die Stadtcasse fließende Hebungen sind folgende: Die Contributionen, Pachtgelder von den Sechslingsposten, Rathskeller, Fischmarkt ꝛc., Recognitionsgelder von ausgewiesenen Plätzen, Bürgergeld, Zehenten, Arrestgebühr und dergleichen. Die übrigen kommen in die Königl. Casse, als: Wein= Bier= und Viehaccise, Lastgelder, Roßmühlenabgiften, Recognition von privilegirten Häusern, Judenschutzgeld, Pachtgeld von Bierfuhren, Brüchgelder, Mühlenrecognition, Dispensationen, Confiscationen und der zehnte Pfenning von den Contributionshebungen.

Der

Der Königliche Etatsrath, Herr Jacob Wilhelm von Aspern hat diesen wichtigen Posten schon seit dem 1754sten Jahre mit vieler Ehre als Stadtcämmerier vorgestanden. Und das Collegium der Kämmereibürger bestehet jetzt aus folgenden Bürgern:

1.) Herr Johann Friedrich Goß.
2.) ‒ ‒ Albrecht Christian Hoeck.
3.) ‒ ‒ Andreas Wilhelm Weddig.
4.) ‒ ‒ Christian Timer.
5.) ‒ ‒ ‒ ‒ ‒ Oldenburg.
6.) ‒ ‒ Jürgen Rode.
7.) ‒ ‒ Johann Peter Breithaupt.
8.) ‒ ‒ Abraham Ellermann.

Achter Abschnitt.

Von dem Zustande des Kirchen- und des Religionswesens.

In hiesigen Gegenden hat das Christenthum zugleich seinen Anfang genommen, als solches in Hamburg empor kam. Anscharius, der bekannte erste hamburgische Erzbischof, war der Anfänger, der sich dieses grossen Werks unter Kaiser Ludewig den Frommen unterzog, und des Endes im Junio des 831sten Jahrs auf der Versammlung zu Ingelheim mit Einwilligung der Brem- und Verdischen Bischöffe, zum Erzbischof von Hamburg, geweihet worden. Zu seinem Endzwecke bediente er sich Anfangs zweier Mißionarien, nämlich des Ebbonis, nachherigen Bischofs zu Reims, und des Gautberti.

Obgleich die Reformation Lutheri bereits im Jahr 1521 zu Hamburg angegangen, so ist doch diese Lehre von Graf Otto V. zu Schauenburg erst im Jahr 1558, da er sich mit der Prinzeßin Ursula von Lüneburg vermählte, eingeführt worden, indem er zugleich alle Messen, Seelmessen, Anrufung der Heiligen und dergleichen verbieten lassen. [34] Dahingegen aber auch nicht fest zu setzen, ob dieses in den weserschen und holsteinischen Landen zusammen, oder nur in den weserschen alleine, wo der Graf damals residirte, geschehen.

Bis in dem 1649sten Jahre hat das damals ganz kleine Altona (wie auch der Hamburgerberg) nach Ottensen zur Kirche wallen müssen; bei zunehmender Grösse, mußten sie auf die Erbauung einer eigenen Kirche denken, da die Gemeine des Hamburgerberges Ao. 1682 dann ebenfalls eine eigene Kirche erbauet. Also ward den 10. April 1649 der Grundstein zur Erbauung einer neuen Kirche in Altona gelegt, und der Landdrost zu Pinneberg, Herr Caspar von Urzen auf Gerdschlogen und Clausdorf Erbherr, königl. Marschall und Rath, dirigirte diesen Kirchenbau auf besondern königl. Befehl. Die Kirche ward mit einem Haupt- und einem Nachmittagprediger versehen, und erhielte die Ao. 1614 bereits für andere Kirchen publicirte Kirchenordnung, die aber durch die Kirchenconstitution, welche König Friederich der Dritte Ao. 1662 publiciren ließ, aufgehoben ward. Es hat aber dieses Kirchengesetz in der Ao. 1705 emanirten Constitution viele Zusätze erhalten, und von den nachfolgenden Königen sind solche Verordnungen nachhero in vielen Stücken verbessert und vermehret worden.

Das Consistorium für Altona verblieb indessen zu Pinneberg. Sobald aber Altona zu einer Stadt erhoben, ward dem Präsidenten vermöge Königl. Verord-

---

[34] Hamelmann in Westphal. et Saxon. p. 846.

ordnung von Aͦ. 1665 aufgegeben, mit Zuziehung einiger Geistlichen das Consistorium zu halten, und darinn selbst zu präsidiren. Einen Probst erhielte Altona nicht vor dem 1696sten Jahre, weil er bis dahin im Amte Pinneberg geblieben. Von der Zeit an bestehet das Consistorium aus dem p. t. Präsidenten, Probsten und übrigen Stadtpredigern der evangelisch-lutherischen Hauptkirche. Das Dorf Ottensen, welches bishero noch in geistlichen und Kirchensachen dem pinnebergischen Consistorio unterwürfig gewesen, ward durch ein allergnädigstes Königl. Rescript vom 19. Sept. 1738 unter das altonaische Consistorium gesetzet, und seit der Zeit hat auch der Pastor zu Ottensen seinen Sitz in dem altonaischen Consistorio. Unter demselben stehen alle lutherische Prediger und Kirchenbediente, und seiner Cognition sind Kirchen- und Ehesachen unterworfen.

Das ganze gegenwärtige Consistorium und Ministerium bestehet aus folgenden:

Ihro Excellenz Herr Geheimerrath und Oberpräsident von Gähler, Ritter.

Herr Georg Ludewig Ahlemann, Consistorialrath, Probst des altonaischen und pinnebergischen Consistorii und Hauptpastor bei der evangelisch-lutherischen Gemeine.

: : Georg Christian Adler, Compastor und Assessor Consistorii.

: : Friederich Christian Reichenbach, Compastor und Assessor des altonaischen Consistorii.

: : Georg Christian Würger, Pastor in Ottensen und Assessor des altonaischen Consistorii.

: : Hinrich Melchior Lorenzen, Pastor Adjunct. des altonaischen Ministerii und Nachmittagsprediger zu Ottensen.

Herr

Herr Hinrich Zeise, Pastor bei der heiligen Geist-kirche.

Die Bestellung der Prediger hängt einzig und allein von Sr. Königl. Maj. ab. Sie stehen unter der Inspection des Probsten; der Generalsuperintendent hat diese Diöces nicht unter seiner Aufsicht, und der Probst verrichtet sowol die Ordination als Introduction.

Da die erste erbauete lutherische Kirche nicht allein dem Einsturze sehr nahe, sondern auch für die so stark angewachsene Gemeine zu klein geworden, so mußte an die Erbauung einer neuen gedacht werden. Hierzu ward also auch den 11. April 1742 der Grundstein gelegt, und dieser Bau durch des damaligen Herrn Präsidenten von Schomburg eifrigen Betrieb zur Bewunderung so schnell geführt, daß sie bereits den 8. Septembr. 1743 eingeweihet wurde. Ihro Königl. Maj. gaben demselben hierüber Dero allerhöchste Zufriedenheit zu erkennen, und ermunterten Ihm, in allen so fernerhin fortzufahren. Auch muß man gedachten Herrn Conferenzrath den Ruhm lassen, daß er durch kluge und gute Einrichtungen der Stadt vortrefflichen Nutzen geschaffet.

Weil ich ein glaubwürdiges Document in Händen habe, was im Grundstein dieser Kirche, für die Nachkommenschaft aufbewahret worden; so halte ich es für eine angenehme Pflicht, meinen Lesern solches hier wörtlichen Innhalts mitzutheilen.

§. I.

„Im Jahr 1742, den 11ten Tag des Aprils, als
„diese evangelisch-lutherische Hauptkirche der Stadt,
„die heilige Dreifaltigkeit genannt, auferbauet wer-
„den mußte, ist dieses alles und jedes als heilige An-
„fangszeichen eines Gedenkmals und herrlichen Ge-
„brauch

"brauch noch zum stets währenden Andenken der Sa=
"che und zum Unterricht der Nachkommenschaft im
"Grunde hinein geleget worden. Dies ist geschehen,
"als der gottesfürchtige, gerechte, glückliche, aller=
"durchlauchtigste Fürst, Christian der Sechste, König
"zu Dännemark und Norwegen, Mehrer des Reichs,
"regierte. Friederich Ernestus, Marggraf von Bran=
"denburg=Culmbach, war damals Generalstadthalter
"zu Schleßwig und Holstein, Präsident dieser Stadt
"war Bernhard Leopold Volkmar, von Schomburg,
"Königl. Rath und Regierungsrath 2c. Johann Bol=
"ten war Probst und Consistorialrath. Der öffentli=
"che Gottesdienst ist unterdessen bis so lange diese alte
"Kirche abgebrochen und wieder aufgerichtet worden,
"in der neuerbauten Kirche des Städtgens Ottensen,
"(welche in Kirchensachen dem altonaischen geistlichen
"Rath (Synedrio) unterworfen ist,) als auch in der
"Capelle nächst bei den Häusern, so zum Unterhalt
"der Armen bestimmet, gefeiert worden. Nächst dem
"Präsidenten der Stadt, waren drei Bürgermeistere,
"Joachim Hen. Jönsen, Hen. Ludolph Maack, Ad.
"Mich. Schmidt. Der Bürgerschaft Syndicus und
"erster Secretarius war Joh. Joachim Behn. Raths=
"verwandte waren: Georg Friedrich Etler, Hen.
"Friedr. Hartung, Joh. Daniel Bauer, und Hen.
"Ziegler war zweiter Secretarius. Das geistliche
"Collegium oder, das Consistorium, dirigirte der löbli=
"che Präsident, welcher zu Mitgehülfen der Kirchen=
"arbeiten überkommen, den altonaischen Probsten und
"Ulrich Christian Hallmann, Consistorialassessor und
"Pastor des Städtgens Ottensen, imgleichen die Com=
"pastores dieses Orts, Joach. Conr. Pieter und Eustas
"Friedr. Schütz. Das Gymnasium Academicum ist
"Ao. 1739 durch Königl. Stiftung aufgerichtet und
"mit Professores gezieret worden, dieselben sind fol=
"gen=

"gende: Joh. Ad. Flessa, Professor Theol. und Con„sistorialassessor; Andr. Christ. Meycke, Prof. jur.„nat. & civil.; Dr. Georg Christ. Maternus de Cil„lano, Prof. Phys. & Medic.; Gottfr. Prose, Prof.„Philos. et Mathem. auch der lateinischen Schule„Rector; Elias Casp. Reichard, Profess. eloq. &„poes. Conrector; Joh. Christ. Sticht, Prof. der„morgenländischen Sprachen und Subrector; Georg„Aug. Detharding, Prof. Hist. & antiqu.; Paul„Christ. Henrici, des Gymnasii Adjunctus und der„abendländischen Sprachen Informator; Otto Hen.„Grosheim, Collaborator; Ernst Kühlmorgen, Can„tor und Präceptor.

§. II.

„Aber die Anzahl der Studirenden hat sich über„hundert erstrecket. Vier Kirchjuraten waren gegen„wärtig: Hinr. Behn, Joh. Jac. Schröder, Pet.„Hinr. Hinrichsen, Joh. Jac. Ratjens. Die Ver„theidiger dieser Stadt in Militairsachen waren zu„gleich mit ihre Fürsteher. Die Bürgerschaft war an„der Zahl vierzig. Als 1713 die Schweden, der„ver : : General Steinbock, den grössern Theil wie„derum durch den fatalen Brand zerstöret und in„einem Haufen geworfen, da jetzo die Anzahl der„Wohnhäuser zweitausend zweihundert und zehn, der„Buden aber vierhundert acht und zwanzig, der Säle„fünfhundert zwei und dreißig, der Wohnkeller aber„fünfhundert neun und dreißig, und aller Wohnun„gen insgesamt dreitausend achthundert und neun,„welcher von Jahr zu Jahr wieder gekommene Zu„wachs oder Vermehrung dieser Stadt, sowohl vom„Könige als der Bürgerschaft, als ein Zeichen göttli„cher Allmacht mit höchst dankbarem Gemüthe auf„genommen worden. Die Königl. Gefälle werden„dem Verwalter auf der Kämmerei bezahlet, dieses

Amt

„Amt verrichtete Nic. Sam. Kindt, Kammerassessor
„und dieser Stadt Kämmerer, welchem, damit er
„denen Arbeiten gewachsen seyn möchte, zugeordnet
„sind, ein Schreiber und acht aus den ehrwürdigsten
„Bürgern, an welcher Statt nach Verfliessung einer
„achtjährigen Zeit, auf gewöhnliche Weise wiederum
„acht andere erwählet werden. Die Schatzkammer
„dieser Stadt ist nicht in Schulden gerathen gewesen,
„obwol viele Kosten angewandt werden müssen zu de=
„nen Gebäuden des Gymnasii, Gefängnis der Leib=
„eigenen und anatomischen Schauplatzes, dessen Di=
„rector war Dr. Maternus de Cilano, Prof. Medi=
„cinae, welcher unter sich hat einen Demonstrato=
„rem, Prosectorem und Subsectorem. Ferner
„ist leicht zu erachten, daß dieselbe Schatzkammer
„noch grössere Unkosten angewandt hat, den Graben
„zwischen Altona und Hamburg zu ziehen, damit die
„Gränzen beiderlei Gebiets festgesetzet würden, nach
„dem Vertrage, welcher im Winter A0. 1739 und
„1740 von den Hamburgern mit unsern großmäch=
„tigsten Könige eingegangen worden. Obwol eine
„schädliche und solche theure Zeit des Getreides gewe=
„sen, daß die Last Rocken zum grössten Verlust oder
„Schaden der Bürger, zu hundert und zwanzig
„Reichsthaler verkauft worden; dennoch haben sie
„an deren Stelle einen Ueberfluß von Getreide eilend
„herbei geschafft, und als derhalben die Sachen in
„Hülle und Fülle zubereitet waren, haben sie sich zu
„den Arbeiten der alten zum Fall geneigten Kirchen
„angeschicket, wieviel denenselben mit Gebet und Ar=
„beit obgelegen haben, unter welchen dennoch die Für=
„nehmsten die Arbeit beständig fortsetzeten, welchen
„sie das Werk mit ihren Händen zu erbauen unterge=
„ben haben, als deren grosses Zunehmen der Kunst,
„wir an diesem Ort sehen. Nun dem dreieinigen all=

„mäch=

„mächtigen grossen Gott, sey Lob, welcher sowohl diese
„Stadt vergrössert, als auch uns einen gottesfürch-
„tigen, gerechten, gnädigen König gegeben, dieses
„Reichs höchste Königl. Ministri, welche von den
„heilsamsten Rathschlägen sind, haben gleichfalls
„nichts unterlassen

§. III.
„Was zu dieser Stadt Zuwachs etwas beitragen
„gekonnt. Dieserwegen sagen wir dem grossen Gott
„Dank, daß er unser Vornehmen gesegnen und uns mit
„seiner augenscheinlichen Hülfe beistehen wollen, eben
„derselbe hat die Sache des allgemeinen Guths erhal-
„ten, damit auch die Nachkommen zu ihrer Zeit mit
„eben solcher glücklichen auch gleicher Freudigkeit zu
„wirken nicht ablassen mögen. Dieses wünschen wir
„ihnen destomehr, je ärger die Gefahr, nach Abster-
„ben Caroli des Sechsten, letzten Kaisers aus dem
„österreichischen Stamme, durch den Krieg der Fran-
„zosen, in welchem ganz Teutschland verwickelt, die
„Wissenschaften vetringert hat. Im übrigen wird
„Gott alle Sünden, sowohl uns als unsern späten
„Nachkommen um das Verdienst seines eingebohrnen
„Sohnes und unsers ewigen Seligmachers verzeihen.
„Demselben sey Ehre, Lob und Herrlichkeit von Ewig-
„keit zu Ewigkeit, Amen.

in fidem
von Schomburg.„

Bei der Beschreibung der Kirche ist bereits vorher gesagt worden, daß bloß die Kirche und nicht der
Thurm Ao. 1742 neu erbauet werden mußte. Indessen war es in dem 1777sten Jahre nothwendig,
auch diesen mit einem neuen Knopf zu versehen, und
bei Herabnehmung des alten fand man in einer doppelten Kapsel folgende, auf ein zusammen gerolltes

Per-

Pergament sehr zierlich geschriebene Inscription. Durch die in den Knopf eingedrungene Nässe, sind aber verschiedene Worte unleßbar gemacht. Hier folgt das Leßbare:

„Im Namen der hochheiligen Dreyfaltig-
„keit! Ist die evangelische Kirche allhier zu Altona,
„zur heiligen Dreyfaltigkeit genannt, Ao. 1649 zu
„bauen angefangen, unter damaliger friedsamer Re-
„gierung Königs Friederici des Dritten, glorwürdig-
„sten Andenkens, welcher den Bau nicht allein aller-
„gnädigst concediret und gestiftet, sondern auch, als
„Patronus, mit dem Fundo auch derer, um die Kirche
„und Kirchhof herum gelegenen Plätze, deren jährli-
„cher Grundhäuer, fünf- und dreijähriger Bitte, samt
„gewissen Geldsummen dotiret. Den ersten Stein
„hat im Namen Ihro Königl. Maj. geleget, der da-
„malige Landdroste zum Pinneberg, nunmehro sel.
„Herr Jaspar von Orzen, dabei Herr Arnold Schepler,
„bisherigen Pastor zu Ottensen, eine Predigt gehalten.
„Ao. 1650 Domin. Palmar. ist diese Kirche von wohl-
„gemeldtem Herrn Landdrosten, samt dem Königl.
„Rath und Amtmann, Herrn Doctor Francisco Sta-
„peln, und damaligen Probsten, Herrn Alberto Kirch-
„hoffen, eingeweihet, und als erster Pastor angeregter
„Herr Arnold Schepeler, Neoburgo Luneburgicus,
„eingeführet worden. Weil aber allgemach sein Al-
„ter herangetreten und die Gemeine zugenommen, ist
„Ao. 1661 zum ersten Diaconus bestellet worden,
„Herr Johannes Frische, Hamburgensis. Ao.
„1675 aber ist hohen Alters halber dem Pastori mit
„der Eventualen-Succession adjungirt, Georgius
„Richerts, Flensburgensis, und Ao. 1681, nach
„des ersten und ältesten seligem Absterben, in Pasto-
„ratu gefolget. Ao. 1692 ist auf eine Zeit zum
„Früh-

„ Frühprediger bestellet, Herr Rudolph Diederich Elff=
„ ler, Altonaensis, der aber nach fünfvierteljähriger
„ Zeit von hinnen nach Rellingen zum Pastorat trans=
„ lociret worden. Sel. Herrn Johann Frischen aber
„ ist unter dem Titul eines Compastoris gefolget, Herr
„ Daniel Hoyer, Hervordia Westphalus, bisheriger
„ Pastor zu Rellingen, und ihm zugleich die Frühpre=
„ digt mit aufgetragen worden. Kirchgeschworen sind
„ nach und nach gewesen: Jost Wömpener, Jaques
„ von Bahlen, Johann Boekmann, Georg Kleinert,
„ die ersten. Dann Jochim Schulte, Dieterich Bade,
„ Peter Oldenburg, der ältere, Lenert Norden, Cord
„ Pott, Wilhelm Hops, und jetzo: Peter Nichus,
„ Hermann Wilkens, Königlicher Postmeister, Anton
„ Günter Heldt und Johann Frerking, die des neuen
„ Thurmbaues fleißig gewartet. Kirchenbediente sind
„ gewesen: Organisten, sel. Hinricus Pape, und nach
„ ihm Johannes Tode. Küstere: Martinus Warner,
„ Johannes Christianus John, beide selig verstorben,
„ und gegenwärtig Georg Ukert. Zu der Zeit, als die
„ Kirche fundiret, ist dieser Ort unter der Pinnebergi=
„ schen Amtsjurisdiction gestanden: um mehrern Auf=
„ nehmens willen aber in Ao. 1664 davon eximiret,
„ von Ihro Königl. Maj. Friderico IIItio mit Stadt=
„ privilegien allergnädigst versehen, und das Stadtre=
„ giment daselbst zu führen, Präsident, Bürgermei=
„ ster und Rath angeordnet worden. Der erste Prä=
„ sident ist gewesen, Herr Rudolph Rohland, nachmals
„ Königlicher Regierungsrath zu Glückstadt. Ihm ist
„ gefolget, Herr Matthias Jessen, vornehmer JCtus,
„ der von der Universität Jena herberufen und in Ao.
„ 1681 zum Präsidenten von Ihro Königl. Maj., jetzt
„ regierenden Christiano dem Fünften, bestellet, und
„ nachgehends auch mit der Kanzellei= und Justizraths=
„ stelle allergnädigst angesehen worden. Die ersten

„ Bür=

,, Bürgermeister sind gewesen: sel. Herr Anton Gold-
,, bach, bisheriger Amtsvoigt zu Ottensen, —— Hans
,, Christian Eiffler, —— und dieser Tagen zu der
,, Eventuellen —— introducirter Herr Johann Hall-
,, mann —— —— auch zum ersten Syndicat zugleich
,, —— Jo. —— Die Herren Raths —— auch
,, Herr Rittmeister —— 5 ein Hohorarius ordi-
,, naire —— Vorstehere der Gemeine: Herr Ba- —
,, Herr Carl von Bahlen —— sel. Herr Jürgen Wip-
,, per —— von Zeit zu Zeit gefolget, sel. Herr Jo-
,, hann Schumacher, Herr Peter Oldenburg der ältere,
,, sel. Herr Hinrich Valencamp, sel. Herr Johannes
,, Löw, Secretarius, Herr Joachimus Koll, Herr Pe-
,, ter Oldenburg der jüngere, Herr Johann Hallmann,
,, Herr Wilhelmus Klüver, Secretarius, Herr Chri-
,, stoff Hinrich Vahlencamp, Herr Johann Joachim
,, Akermann. Secretarii sind gewesen: Erstlich Herr
,, Harderus Bullichius, der aber Papistisch geworden
,, und weggezogen; Herr Ulricus Fridericus Stricke,
,, der sich auch absentiret; sel. Herr Johannis Löw,
,, und der annoch lebende Herr Wilhelmus Cluver. —
,, Weil aber die Glocken und Stuhl derselben auf das
,, Kirchgebäude samt der Spitzen anfangs gesetzet wor-
,, den, das schwache Gebäude aber dahero Noth gelit-
,, ten und die Last nicht länger ertragen mögen, hat
,, man unumgänglicher Bewandniß in Ao. 1688 den
,, Glockenstuhl samt der Spitze abbrechen und zum
,, neuen Thurmbau schreiten müssen. Den ersten
,, Stein hat in Namen Ihro Königl. Maj. Königs
,, Christiani Vti geleget, der Königl. Herr Justizrath
,, und Präsident, Herr Matthias Jessen, nachdem vor-
,, her ein kurzer Sermon von dem Pastor Georgio
,, Richerts gehalten und der Actus mit einem auch
,, kurzen Wunsch und Danksagung vom sel. Herrn Jo-
,, hanne Frischen, Diacono, beschlossen. Weil aber

,, das

„das Vermögen der Kirchen schlecht gewesen, hat die
„Spitze nicht ehe als im Herbst dieses 1694sten Jah-
„res mögen aufgeführet und der Knopf den 23sten
„Novembris aufgebracht werden. Uebrigens walte
„der gnädige und allmächtige Gott über das ganze
„Königl. Haus und Ihro Königl. Maj. geheiligte
„Person, vermehre Ihre Jahre, stärke Ihre Kräfte,
„befestige und verbreite deren Stuhl auf Dero Nach-
„kommen, späte Nachkommen. Er schütze und för-
„dere auch den jetzigen und künftigen löblichen Stadt-
„magistrat, segne Ihre Arbeit, Mühe und Wach-
„samkeit, kröne sie mit seinen Gnaden, wie mit einem
„Schilde, lasse Sie und Ihre wehrte Häuser lange
„grünen und blühen. Er decke auch dieß Gotteshaus
„das nach seinem Namen genennet ist, mit seinen
„Gnaden- und Allmachtsflügeln, bewahre von aussen
„her für verwüstende Unfälle; drinnen, daß nimmer-
„mehr eine falsche Lehre da gehöret werde; gebe,
„daß die jetzigen und künftigen Lehrer auf den eini-
„gen Grund der Seligkeit, Christum Jesum, bestän-
„dig bauen, heilsame Erkenntniß Gottes, wahren
„seligmachenden Glauben, Christ-Evangelischen Trost
„im Leben und Sterben. Erhalte auch ein gutes Ver-
„ständniß zwischen Lehrer und Zuhörer; erweck in
„Allen einen heiligen Eifer, daß sie einmüthig seyn
„zum Werke des Herrn und allgemeinen Seelenbau.
„Die ganze Gemeine müsse für Gott, dem Herrn der
„Heerscharen, stehen, wachsen und zunehmen, die
„Höhen der öffentlichen Bosheit und Aergernisse ab-
„gethan werden und fallen. Wiederum Gottselig-
„keit, Zucht und Ehrbarkeit, Güte und Treue einan-
„der begegnen, Gerechtigkeit und Friede sich küssen,
„damit die Stadt fortan eine fromme Stadt heissen
„und seyn möge, eine gesegnete Stadt, deren sich auch
„das Land erfreue, davon auch andere Nahrung und
„Zu-

„Zugang haben. Wie wir denn unserer wehrten
„Posterität mit herzlicher Liebe und Begierde ihres
„gesegneten Wohlseyns an Seel und Leib in der Nähe
„und von fernen entgegen sehen, samt inniglichem
„Wunsch, daß ihr Zustand besser als der unsrige wer=
„den, ihr Licht das unsrige verdunkeln, und was zu
„unsern Zeiten unter mancherlei Neid, Streit und
„Nachstellung angefangen, und so weit man gekonnt,
„gebracht worden, durch göttlichen Beistand sie rühm=
„lich fortsetzen und vollenführen mögen. Schließ=
„lich, daß auch diese Schrift, wo es Gott gefällig ist,
„durch keinen schädlichen Zufall, menschlichen Augen,
„sondern allein durch dasjenige, was alles entblössen
„wird, möge entdeckt werden, nämlich durch der Welt
„Ende. Amen, komm Herr Jesu, Amen.„

Die gegenwärtig bei der Kirche stehende Herrn
Prediger sind schon vorhero bei dem Consistorio na=
mentlich aufgeführt.

Ausser dieser lutherischen Hauptkirche ist allhier
noch eine, nämlich die heilige Geistkirche vorhanden,
die Ao. 1718 zugleich mit den Armenhäusern erbauet
und den 17ten Junii selbigen Jahres feierlichst einge=
weihet worden. Sie erkennet nebst dem Armenhause
den Herrn Grafen von Reventlau Excellence, weiland
Oberpräsidenten, in so weit für ihren Stifter, weilen
derselbe das ganze Werk zu Stande gebracht. Ihro
Königl. Maj. Friderich IV. glorwürdigsten Andenkens,
haben aber solche nebst dem ganzen Armenhause sub
dato Friederichsburg den 13. Maji 1721 mit einer
allermildesten Fundation versehen. Die Besetzung
des Predigers und Küsters hing einzig und allein von
dem Herrn Grafen oder künftigen Erben ab, und ihr
Forum war auch nur unter dem Grafen, oder allen=
falls immediate unter Ihro Königl. Maj., und die

ganze Verfassung des Armenwesens und Gebäuden, war von der Gerichtsbarkeit der Stadtobrigkeit ausgenommen.

Im Jahr 1739 aber mußten die Erben des wohlgedachten Herrn Grafen auf Königl. allerhöchsten und aus vielen Ursachen bestehenden Befehl, das Armen- und Waisenhaus, samt der Kirche, an den Stadtmagistrat abtreten. Der Prediger und übrige Kirchenbediente erhielten ihr Forum gleich andern Geistlichen in prima instantia unter dem altonaischen Consistorio, unter welchen Articul auch der jetzige Prediger zur heiligen Geistkirche stehet. Die Erben des Herrn Grafen behielten das jus Patronatus, jedoch, daß wegen solcher zu besetzenden Kirchendienste Königl. allerhöchste Confirmation jedesmal gesucht, und dieses jus Patronatus, auf die etwanige Vergrösserung dieser Kirche, oder aus anderweiten Ursachen, künftig über die jetzige Anzahl zu bestellenden Prediger und Kirchendiener nicht extendiret werden solle. Solchergestalt ist diese Kirche nunmehro zwar eine Stadtkirche, hat aber keine Eingepfarrte, und werden keine Actus ministeriales anders, als zum Behuf des Armenhauses, darinn verrichtet; der darinn gehaltene Gottesdienst aber wird von denen, welche der Kirche am nächsten gelegen, häufig besuchet. Die vormalige Herrn Provisores, Eichler und Pudens, haben sich die rühmliche Mühe gegeben, der Kirche eine Stundenuhr sowol, als inwendig eine Orgel, mehrentheils auf eigene Kosten, zu besorgen, wie sie denn auch für die innerliche Zierde der Kirche auf alle Wege gesorgt haben, welches ihnen nicht anders als zum stetswährenden Ruhm gereichen kann.

In dem Armenhause werden 80 arme Personen unterhalten; der Herr Graf von Reventlau hat aber das Recht, 12 Stellen in diesem Hause eigenbeliebig
zu

zu besetzen; und in dem Waisenhause werden beständig mehr als 50 Kinder erzogen, über welche ein Zuchthalter und Zuchthalterinn, auch Speisemeister zur Verwaltung der Oeconomie bestellet ist.

Da Altona bei entstandener Reformation noch eben nicht groß gewesen, so ist leicht zu schliessen, daß hierüber keine merkliche Unruhen entstanden, und die Kirchengeschichte der Stadt in diesem Stücke nicht groß, aber desto angenehmer ist.

Daß es einem Staate vortreflichen Nutzen schafft, verschiedene Religionsverwandte und Gewissensfreiheit zu dulden, davon giebt uns die Republik der vereinigten Niederlande ein untriegliches Beispiel, welche ohne diesen Grundsatz nie zu dem Grade der Stärke und Grösse gestiegen seyn würde; und wer wollte es wohl widersprechen, daß die Religion selbst nicht hiebei ihren wahren Vortheil finden sollte.

Diesen Grundsatz haben auch Sr. Königl. Maj. und Dero glorwürdigsten Vorfahren jederzeit vor Augen gehabt, daher König Friederich der Dritte, glorwürdigsten Gedächtniß, in dem ersten der Stadt allermildest ertheilten Privilegio, den Handwerkern aller Religionen die Erlaubniß ertheilet, sich hieselbst nieder zu lassen, und ihr freies *Exercitium Religionis* ungekränkt zu treiben. Se. Königl. Maj. Fridericus Quartus verstatteten abermals in dem allergnädigsten Privilegio von 1713 allen Religionen, auch der griechischen, die freie Uebung ihres Glaubens und Gottesdienstes, welches auch die folgenden glorwürdigen Könige, so wie Se. jetztregierenden Königl. Maj., sämtlich allergnädigst bestätiget haben. Den Socinianern, ist aber im angezogenen königl. Privilegio de Ao. 1713 der Aufenthalt und Glaubensübung ausdrücklich untersaget. Die Religionen, so gegenwärwärtig auch ihre öffentliche Uebungen hieselbst haben, sind im nachstehenden Jahren privilegirt, als: Die Reformirte Ao. 1601, die Mennonisten Ao. 1634, die deutsche und portugiesische Judengemeine 1641, die Catholiken Ao. 1658.

Die Reformirten haben die freie Religionsübung schon unter dem Grafen Ernst von Schauenburg und Pinneberg in dem Jahre 1601 durch Vorsprache des Grafens Ernsten von Mannsfeld erhalten, und wurde diese erste Gemeine aus Niederländern und Pfälzern gestiftet. Im Jahr 1602 hat diese Gemeine schon aus Niederländern, Hochteutschen, Wallonen und Franzosen bestanden, welche dann sämtlich sowohl von den vorherigen Grafen, als auch von Graf Otto VI. den 28. Novembr. 1636 unter dem Namen der evangelisch-reformirten Gemeine ihre Privilegia und deren Confirmation erhalten. Die Hauptfundation [35] dieser Gemeine, ist ihnen von dem Könige Christian dem IV. glorwürdigsten Andenkens, unterm 29sten Mai 1641 ertheilet worden. Und diese allergnädigste Concession ist von allen glorwürdigsten Nachfolgern, so wie auch von Sr. jetztregierenden Königl. Majestät bei angetretener Regierung, allerhuldreichst bestätigt worden.

Die deutschreformirte Kirche brannte im Jahre 1645 ab, und ward noch in selbem Jahre wieder aufgebauet, bei welcher von Zeit zu Zeit theils holländische, theils deutsche, theils französische Prediger, theils solche, die in allen solchen Sprachen predigen konnten, erwählet worden, bis die französische Gemeine sich separiret.

Die Wahl solcher Prediger stehet der ganzen Gemeine zu, und da dieses Recht Ao. 1703 das Consisto-

---

[35] Siehe Sachwalter Schmids Geschichte p. 201 ꝛc.

ſtorium alleine an ſich ziehen wollen, ſo iſt ſolches durch einen allergnädigſten Befehl caßiret, und dem Conſiſtorio nichts mehr, als die Präſentirung zugeſtanden, der Gemeine aber ſolche per majora in der Kirche zu Altona zu verrichten anbefohlen worden.

Das wichtigſte aber, ſo in dem reformirten Kirchenweſen vorgefallen, iſt wohl die im Jahr 1716 geſchehene Errichtung eines beſondern Conſiſtorii, und mithin Separirung der altonaiſchen von der hamburger Gemeine. Das hamburger reformirte Conſiſtorium hatte bishero viele wider die Königl. hohe jura Epiſcopalia laufende Eingriffe und Attentata begangen, und ſich eine Autorität und Dominat über die altonaiſche reformirte Gemeine angemaſſet. Se. Königl. Maj. Friederich IV. glorwürdigſten Andenkens, reſcribirten daher von Gottorf aus unterm 29. April 1716 an den Herrn Grafen von Reventlau: daß die in Altona wohnende, der reformirten Religion zugethane Gemeine befugt ſeyn ſollte, zur Beruhigung ihres Gewiſſens, und deſto beſſerer Beförderung ihrer Seelenpflege, ohne Zuthun des Conſiſtorii der reformirten Gemeine zu Hamburg zu der Zeit und in Zukunft, einen eigenen Prediger, der aber beſtändig in Altona wohnen und bei ſeiner ihm anvertrauten Gemeine bleiben ſoll, zu berufen, und von nun an unter ſich ein eigenes Conſiſtorium zu Altona zu etabliren und zu halten. Zu dieſem Behuf wurde den geſamten hamburgiſchen Reformirten, welche ſich zu Altona verſammleten, ernſtlich und bei Verluſt der ihnen allergnädigſt gegönnten und confirmirten Privilegien, anbefohlen, daß dieſelben von den in Händen habenden auf Häuſer zinsbar belegten Capitalien, und der altonaiſchen reformirten Kirche gewidmeten Legatengeldern, zu benöthigter Salarirung eines eigenen altonaiſchen reformirten Predigers, auch anderer Kirchen- und Schulbedienten, einen gewissen jährlichen Fond, von zweitausend Mark jährlicher Renten, der altonaischen reformirten Gemeine unverzüglich und so balde thunlich, anweisen, und zu deren und des altonaischen reformirten Consistorii Administration und Disposition überlassen sollten. Gestalt zu dem Ende die in der Stadt Altona fallende Todten- und Begräbnißgelder und andere in Königl. Jurisdiction stehende Kirchenhebungen, den hiesigen Reformirten dazu mit angeschlagen und cedirt werden könnten. Wohingegen aber denen hamburgischen Reformirten die freie Disposition über die übrigen Legatengelder bleibet, ihnen auch frei stehen sollte, die Uebung ihres Gottesdienstes und anderer Parochial Actuum in der grossen hieselbst belegenen reformirten Kirche mit den altonaischen Reformirten zu verrichten, jede Gemeine aber ihr eigenes Wahlrecht zu Berufung ihrer Prediger bis auf Königl. allergnädigste Confirmation haben sollte.

Es ist bei dieser Trennung auch geblieben, und gedachte allerhöchste Verfügung auch von jetztregierender Königl. Maj. allergnädigst bestätiget worden.

Die gegenwärtigen Prediger bei dieser Gemeine sind:

1. Der Herr Pastor Gensike.
2. - - - - Kesseler.

Der Anfang der französischen Gemeine rührt von den Wallonen her, die, nachdem sie aus den Niederlanden geflüchtet, und in Stade eine Gemeine errichtet, sich endlich von da weg und Ao. 1619 hieher begeben haben. Sie ist von der ersten Fundation an, vorberührtermassen unter einem Namen der reformirten Gemeine begriffen gewesen, wie dann dieselbe allezeit solche Prediger gehabt, die in französischer Sprache auch predigen können. Allein um das Jahr 1682
nah-

nahmen die Französischreformirten einen eigenen Prediger. Sie bemühten sich, ihr eigen Consistorium zu errichten, und nach vielen mit den deutschen Reformirten gehabten Streitigkeiten erhielten sie solches, und verglichen sich endlich mit denselben in Ansehung der Predigerwahlen, Kirchhofes und dergleichen, und König Christian der Fünfte decidirte gleichfalls solche Streitigkeiten, unterm 27. März 1686.

Zwar blieben sie noch mit den deutschen Reformirten unter einer Verfassung, und der König Friederich IV. bestätigten unterm 18. Novembr. 1699 die bisher den Reformirten gemeinschaftlich zugestandenen Privilegien. Wie aber Ihro Maj. der König Christian VI. zur Regierung kamen, so erhielten die Vorsteher und Aeltesten der Reformirten deutschen Gemeine, einseitig, die allergnädigste Confirmation ihrer Privilegien unterm 21. April 1732, und die französisch-reformirte Gemeine suchte endlich auch separatim für sich, die Bestätigung der ihnen ehedem conjunctim ertheilten Privilegien, 36) die auch nachhero allermildest confirmiret worden.

Der jetzige Prediger der französischen Gemeine ist: Herr Pastor Merle.

Die hieselbst wohnenden Mennonisten, (welche ihren Namen von Mennone Simon, einem Westfriesen, angenommen, der zu Harlingen im Jahre 1496 gebohren, aber zu Oldesloe 1561 gestorben ist,) die mehrentheils aus Kaufleuten und Handwerkern bestehen, haben die freie Religionsübung gleichfalls zu der Grafen von Schauenburg Zeiten erhalten; die Zeit aber, wenn sie hieselbst recipirt worden, ist nicht so genau zu bestimmen. So viel ist gewiß, daß im Jahr 1634 hieselbst schon Kaufleute dieser Religion gewohnet, die

in

---

36) Siehe Sachwalter Schmids Geschichte pag. 205 u.

in Hamburg Packräume gehabt, maßen ihrenthalben von Rath und Bürgerschaft in Hamburg beschlossen worden, daß die, so in Altona wohneten, in Hamburg aber Packräume hätten oder Handel trieben, dem gemeinen Gut davon nach Billigkeit gerecht werden sollten.

Sobald Altona unter Königl. dänischer Regierung gekommen, sind den Mennonisten ihre Freiheiten vom Könige Christiano IV. Ao. 1641 und von allen nachfolgenden Königen, so wie von Sr. jetztregierenden Königl. Maj. allergnädigst confirmiret worden. Die Confirmation von des Königs Christian VI. Maj. ist vom 28. Mai 1731. [37]) Unter die besondern Privilegia gehöret auch, daß sie nicht anders, denn bei den Worten: Mann und Wahrheit, und dem Worte Ja, ihre Eide verrichten, und solches die Verbindlichkeit eines feierlichen Eides hat.

Ihre Kirche hatte Ao. 1713 gleichfalls das Unglück von den Schweden mit abgebrannt zu werden. Die Gemeine entschloß sich dahero 1715 eine neue Kirche nebst Priester- Schul- und Armenhäuser zu erbauen, worüber sie dann unterm 5. Februar 1715 vom Könige Friederich IV. ein Privilegium Exemtionis von allen Kriegssteuern und andern extraordinairen Auflagen erhielten, auch zuletzt von Sr. jetztregierenden Königl. Maj. allerhuldreichst confirmirt worden.

Die in Hamburg wohnende viele Mennonisten halten sich ebenfalls zu dieser Kirche, deren jetzige Prediger sind:

1. Der Herr Pastor Abraham Weynands.
2. ⁓ ⁓ ⁓ ⁓ Johann Riß.

Den Juden ist bereits von den Grafen von Schauenburg verstattet worden, die Uebung ihres Got-

---

[37]) Siehe Sachw. Schmids Geschichte p. 208.

Gottesdienstes in Altona zu treiben. Es ist ungewiß, in welchem Jahre solches geschehen, und es ist ihnen selbst nicht bekannt, die Ursache ist diese: Weil das Privilegium von des letzten Grafen Kammersecretair zur Confirmation abgefordert, durch das geschwinde Absterben des Herrn aber ihnen nicht wieder gegeben worden; so wird die Ursache in dem ersten Königl. Privilegio [38]) angegeben, welches die Judenschaft von Christian dem Vierten Ao. 1641 erhielte. Die Freiheiten und Bedingungen, worunter die jüdische Gemeine hieselbst aufgenommen, sind bishieher allergnädigst bestätiget worden, haben aber auch zu unterschiedlichenmalen Veränderungen und Zusätze erhalten, wovon die vornehmsten hier folgen: So verordnete König Friederich der Dritte in den Ao. 1664 den 15. Julii confirmirten Privilegien, daß zween Aeltesten nach jüdischer Form in Eid und Pflicht genommen werden sollten, um auf das Königl. Interesse in Ansehung der Schutz-Todten-Brüchgelder und andere dergleichen Sachen Acht zu geben. Die Erkenntniß in geringschätzigen und Sr. Königl. Maj. Interesse nicht angehenden, besonders aber die jüdische Ceremonien betreffende Sachen, ward dahin extendiret, den in ihrer Synagoge gewöhnlichen äussersten Zwang zu gebrauchen, und hat sich der König vorbehalten, wegen nicht abgetragenen Schutzgeldes die Synagoge schliessen zu lassen.

König Christian V. legte unter die Cognition der Aeltesten und Rabbiner zu Altona, der jüdischen Ceremonien halber, alle in Allerhöchstderoselben Fürstenthümern und Landen (Glückstadt ausgenommen) sich aufhaltende Juden. Ihnen ward vom Könige Frie-

de-

---

[38]) Siehe Sachwalter Schmids Geschichte p. 194.

berich dem IV. frei gegeben, die fremden Juden, so kein Geleit haben, oder sich ihres geführten Wandels halber verdächtig machen, mit Vorwissen des p. t. Präsidenten vermittelst ihres Bannes von hier zu treiben, und in der von des Königs Christian des VI. Maj. allergnädigst ertheilten Bestätigung, ist die Cognition der hiesigen Aeltesten und Rabbiner in den Kirchenceremonien, und andern Sachen zwischen Juden und Juden, bis an den kleinen Belt festgesetzet worden. Dagegen ist in der Königl. Verordnung von Ao. 1705 den Juden, Rabbinen und Aeltesten ausdrücklich untersaget worden, in Hurerei- Schlägerei- und Injuriensachen einige Brüche zu dictiren, sondern solche Sachen zur Untersuchung an die Stadtgerichte zu verweisen, übrigens sich auch nicht zu unterstehen, Christen und Christenhäuser in Bann zu thun, dergestalt, daß kein Jude mit ihnen Umgang oder Handlung habe. Dieses ist die Verfassung der deutschjüdischen Gemeine, welche einen Oberrabbiner nebst 3 Aeltesten hier in Altona hat, jedoch das Schutzgeld anjetzo nicht nach Familien, sondern in einer überhaupt accordirten Summa bezahlet.

Unter den hamburgischen berühmten Rabbinen hat einer, Namens Israel Meyer, hieselbst Ao. 1701 den christlichen Glauben angenommen und den Namen Friederich Christian Meyer bekommen, unter welchem Namen er nachhero unterschiedliche Schriften, sonderlich von dem wahren Meßias herausgegeben, welches Mollerus anführt.[39]

Mit den Juden hochdeutscher Nation, hat die portugiesische Judengemeine keine Verbindung, und üben auch ihren Gottesdienst für sich alleine aus. Als Glückstadt angelegt ward, sind viele portugiesische Ju-

---

[39] Möller. Cimbr. Litterat. Tom. 2. p. 549.

Judenfamilien von hier dahin gezogen; deren besondere Privilegia bei dem Herrn Consistorialassessor Lackmann zu finden sind. ⁴⁰) Diejenigen portugiesischen Familien aber, die sich in Hamburg aufgehalten, haben im Jahr 1611 den 3. Mai von Graf Ernst zu Schauenburg, ein Stück Landes bei Altona (nunmehro in Altona) gekauft, und dabei die Concession erhalten, einen Kirchhof daselbst anlegen und ihre Todten begraben zu dürfen. Dies Privilegium ist Ao. 1641 vom König Christian IV. allergnädigst confirmirt, welches auch von allen nachfolgenden Königen geschehen.

Nach und nach haben sich einige Familien hieselbst niedergelassen, welche aber gleich andern Einwohnern das Bürgerrecht geniessen und gewinnen müssen; sonst stets ihre eigene von der hochdeutschen Nation abgesonderte Versammlungen halten. Die portugiesischen Juden unterscheiden sich von den hochdeutschen, in den Kirchenceremonien bei Ein- und Aussetzung der Thora und Gebeten. Die Ursache liegt darinn, daß jene ihre Ritus aus Portugal haben, diese aber den pohlnischen Juden folgen; erstere behaupten indessen, daß die ihrigen viel älter, und der Grund aller jüdischen Ceremonien und Gebete in den Verfassungen der alten portugiesischen Gemeinen zu suchen sei. Wahr ist es, daß diese gewisse ordentliche Gesänge singen, welche die hochdeutschen nicht haben.

Seitdem Altona Ao. 1664 das Stadtrecht erhalten, und vielleicht schon vorhin, sind hier einige wenige wohnhaft gewesen. Weil ihre Anzahl aber so geringe, daß sie nicht im Stande waren, ein Gebethaus zu bauen, mußten sie sich bequemen, ihren Gottesdienst auf dem Saal eines hiesigen Bürgerhauses zu verrichten.

---

⁴⁰) Einleitung zur schleswig-holsteinischen Historie, 3ter Theil, p. 494.

ten. Als nun denselben vorgedachtermaßen unterm 22. März 1771 allergnädigst verstattet wurde, eine eigene Synagoge zu bauen; so ist hierzu noch im Märzmonat des gedachten Jahres der Grundstein gelegt, und nachdem der Bau völlig geendiget, am 6. Sept. c. a. mit Ceremonien ihrer Art förmlich eingeweihet. Se. Excellenz der Herr Geheimerath von Gähler, der ganze hochlöbliche Stadtmagistrat nebst vielen angesehenen Personen, die hiezu eingeladen waren, beehrten diesen Actum mit Ihrer hohen Gegenwart. Hier kann die Wirkung einer natürlichen Folge von Gewissens- und Handlungsfreiheit nicht unbemerkt bleiben, wann mit Zuverläßigkeit versichert wird, daß diese portugiesische Judengemeine, nach Erlangung dieser Privilegien und Erbauung ihrer Synagoge, anjezo in mehr als dreimal so viel Mitgliedern, wie vordem, bestehet, die fast alle von Hamburg, auch anderwärts, ausgezogen und seitdem hier etablirt sind. Das Privilegium lautet folgendermaßen:

Wir Christian der Siebente ꝛc. ꝛc. Thun kund hiemit: daß Wir der portugiesischen Judengemeine in der Stadt Altona, welche eine eigene Synagoge dorten für sich zu erbauen, überhaupt aber auch unter ihren Mitgliedern eine bestimmte Ordnung einzuführen Willens ist, aus bewegenden Ursachen folgende Privilegia und Freiheiten in Gnaden beigelegt und zugestanden haben.

1.) Soll die zu erbauende Synagoge samt Rabbiner, Vorsänger, und Schulbedienten von allen Contributionen und Abgiften befreiet seyn.

2.) Sollen die Mitglieder besagter Gemeine in allen Sachen, die zu ihrer Kirchendisciplin gehören, mithin auch in den Fällen, da von Testamenten, Erbschaften, Brautschätzen, Ehe- und andern nach jüdischen

schen Gesetzen und Gebräuchen zu beurtheilenden Sachen die Rede ist, lediglich dem Rabbiner und Aeltesten unterworfen seyn, diese auch die Macht haben, die etwanige Contraventiones wider die Kirchendisciplin mit Geldbuße, und zwar dem Befinden nach, bis auf funfzig Reichsthaler, halb zum Fisco, halb zum Besten der Gemeine zu ahnden. (Wie denn auch die Stadtobrigkeit sich mit dergleichen Sachen überhaupt nicht weiter zu befassen hat, als solches etwa die Erhaltung der öffentlichen Ruhe und Ordnung nothwendig machen, oder auch ein Mitglied der Gemeine sich in den Abtrag der schuldigen Beisteuer zur Gemeine oder der erkannten Geldbuße säumig und widerspenstig bezeigen möchte, mithin zu sothanen Abtrag oder sonst zu Beobachtung seiner Pflicht gegen die Gemeine, durch obrigkeitliche Zwangsmittel anzuhalten wäre.) Dahingegen aber sollen Impetrantes, so wie andere Bürger, der in den sonst vorkommenden Angelegenheiten ohne Unterschied unter der Cognition und Jurisdiction des p. t. Oberpräsidenten und des Magistrats gehören.

3.) Soll ein jeder portugiesischer Jude, der sich künftig in Altona niederlassen oder aufhalten wird, verbunden seyn, sich zu ihrer der Imploranten Gemeine, wenn die Vorsteher ihn darinn aufnehmen wollen, zu halten, der Gemeine aber kein Mitglied, welches die Vorsteher zu recipiren Bedenken tragen, wider Willen aufgedrungen werden.

4.) Sollen der Impetranten jedesmahl richtig zu haltende Protocolle und Register über Gebuhrten, Vereheligungen, Todesfälle und so ferner, durchgängig Glauben haben.

5.) Sollen Impetrantes und die künftigen Mitglieder ihrer Gemeine von aller Decimation bei ihrem etwanigen Abzuge eximiret seyn, jedoch soll diese Freiheit

heit auf ihre Personen und ihre binnen zween Jahren nach ihrem Tode weggehende Verlassenschaft eingeschränkt seyn, nicht aber auf ihre Erben, die länger als 2 Jahre nach dem Tode ihres Erblassers in Altona verbleiben, gedeutet werden, es wäre denn, daß ein auswärtiger Erbe aus der Fremde dahin zöge, und sich mit seiner Familie daselbst seßhaft machte.

6.) Sollen Impetrantes von der generalen Zulage für die zu Extraschatzung unvermögende Stadtarmen befreiet, dagegen aber auch verbunden seyn, für ihre eigne Armen, damit diese der Stadt allganz nicht zu Last fallen, zu bezahlen, und

7.) Soll den Impetranten vergönnet seyn, für die ihre Religion betreffende Schriften, in welcher Sprache sie auch abgefasset seyn mögen, eine eigne Druckerei anzulegen, und zu unterhalten, jedoch mit der ausdrücklichen Bedingung, daß in solchen Schriften (denn andere müssen dorten gar nicht gedruckt werden) nichts der christlichen Religion Anstößiges befindliches seyn solle.

Es ist demnach Unser Wille, daß die portugiesische Judengemeine zu Altona bei dem Innhalte dieser Privilegien bis an Uns geschützet und dawider auf keinerlei Weise beschwehret und beeinträchtiget werden sollen noch mögen.

Wornach sich männiglich allerunterthänigst zu achten. Urkundlich unter Unserm Königlichen Handzeichen und vorgedruckten Insiegel; Gegeben auf Unserer Königl. Residenz Christiansburg zu Kopenhagen, den 22. März 1771.

(L. S.)   *Christian.*

Fabricius. A. G. Carstens.

Privilegia für die portugiesische Judengemeine in der Stadt Altona.

Die

Die Römischcatholischen haben zwar bereits zu den Zeiten des Grafen von Schauenburg auch in Altona einen Gottesdienst gehabt; Dies erhellet aus der Erzehlung des sel. Mollers [41]) von der Controverse des damalig hiesigen catholischen Predigers Henrici Neveri, eines Jesuiten, welche derselbe Ao. 1606 mit D. Philippo Nicolai, Pastoren an der Catharinenkirche, gehabt, und sich über einen gewissen Florentiner, der Banquier gewesen, Alexander de la Roche, entsponnen. Die freie Uebung ihrer Religion aber, ist vom Könige Friderico III. ihnen unterm 16. Mai 1658 privilegirt [42]) und durch den damaligen französischen Gesandten Hugo Terlon bewirkt worden. König Christian V. bestätigte diese Privilegia unterm 9. März 1678. und erweiterte selbige darinn, daß sie einen der Kirche zuständigen eigenen Platz zum Kirchhof aptiren, und ihre Todten darauf begraben durften, ertheilte auch denselben und der Kirche, gleich andern geistlichen Gebäuden, alle Immunitäten von bürgerlichen Beschwerden, welche Freiheiten stets nachhero, so wie von Sr. jetztregierenden Königl. Maj. bey dem Antritt Dero Regierung allergnädigst bestätigt worden.

Es gehören zu dieser römischcatholischen Kirche nicht allein die in Altona wohnende, sondern auch die in Hamburg sich befindende Catholiken, welche beide Gemeinden mit einander paria jura haben, und vermöge einer Königl. allerhöchsten Resolution vom 17. Decembr. 1736 ist auch der Klerisey die Freiheit gelassen, nach den Regeln ihrer Religion und ihres etwanigen Ordens sich zu achten, und ihnen wegen des nexus obedientiae intuitu ihres Provincialis nichts

in

---

[41]) Moller. Cimbr. Litterat. Tom. 2. p. 82.

[42]) Siehe Sachwalter Schmids Geschichte p. 199 ꝛc.

in den Weg zu legen. Das erste zu ihrem Gottesdienst gewidmete Haus ward von den Schweden in die Asche gelegt; es ist aber gleich nach dem Brande eine neue Kirche wieder erbauet worden, die nicht allein äusserlich von gutem Ansehen, sondern auch inwendig recht zierlich ist.

Der jetzige hieselbst wohnende Pater ist der Herr von Flessen.

Davidtoriten und Quäcker sind hier nicht gewesen, es wird ihnen aber auch keine Religionsfreiheit verboten, und für andere selbst aus dem Lutherthume entstandene Secten haben die weisen Königl. Verordnungen uns noch immer verwahret. Man lese die desfällige Königl. allerhöchste Verordnung vom 13. Febr. 1741, [43] wie dem Fanaticismo und Schwärmereien Einhalt zu thun. Ausserdem haben sich vorhero hieselbst auch Zioniten, Labadisten, Weigeltaner, Indifferentisten ꝛc. aufgehalten, [44] wovon jetzt aber keine mehr vorhanden.

Wie genau übrigens die Absicht unsers theuersten Monarchens, alle Religionsstreitigkeiten sorgfältig zu vermeiden, von den hiesigen Herrn Geistlichen gemeinschaftlich ausgeübt wird, davon soll nachstehender Brief, unsers lieben Reichenbachs, den ich in dem XVII. Stück der Buchhändlerzeitung unterm 29. April 1779 ꝛc. finde, auch meinen Lesern ein sanfter Beweiß seyn, wo es also lautet:

Auszug eines Briefes vom Herrn Pastor F. C. Reichenbach in Altona vom 30. November 1778.

Was ich Ihnen jetzt erzählen will, liebster Freund! das können Sie als einen kleinen Beitrag zur Geschichte der Toleranz unter den Protestanten, in meinem

---

[43] Sachw. Schmids Geschichte p. 212 ꝛc.
[44] Siehe Sachwalter Schmids Geschichte p. 227 ꝛc.

nem Vaterlande ansehen. Sie wissen, daß hier alle Partheien, in welche die Christenheit auf Erden, leider! getheilt ist, (die Socinianer ausgenommen,) völlige Religionsfreiheit haben. Wenn ich Ihnen sage, daß die Glieder dieser verschiedenen Gemeinen sich unter einander vertragen und einträchtig leben, da sie eine bürgerliche Societät ausmachen, so sage ich Ihnen damit nichts Unerwartetes und Anmerkungswürdiges. Das aber wird Ihnen interessant seyn, daß wir Lehrer dieser verschiedenen Gemeinen, in einer mehr als gewöhnlichen brüderlichen Harmonie und Freundschaft mit einander leben, und darinnen unsern Gemeinen mit einem guten Exempel vorgehen, dadurch des Verketzerns und Verdammens, welches sonst der unchristliche Ton zu seyn pflegte, immer weniger werden wird. Mit den Katholiken ist es freilich, so lange sie ihr Herz zurück ziehen, nicht möglich, in genauerer freundschaftlicher Verbindung zu stehen, da sie nach den Lehrsätzen ihrer Kirche nicht glauben, daß wir auch Erben der Seligkeit sind, und uns als Ketzer betrachten, die nichts als Verdammung zu erwarten haben; sie mögen uns um deswegen hassen, oder, wenn sie besser denken, Mitleiden darüber mit uns tragen. Wir protestantische Prediger (die deutschen nemlich) haben aber mit einander einen vertrauten Umgang. Es ist nun acht Jahr her, da der Herr Pastor Gensike, Prediger an der hiesigen deutschen reformirten Gemeine, ein Mann, den ich Ihnen wohl nicht erst als einen der gelehrtesten und rechtschaffensten Geistlichen bekannt machen darf, mir und noch ein paar andern Freunden den Vorschlag that, daß wir darüber einig werden möchten, alle vierzehn Tage einmal eine Zusammenkunft zu halten, deren Zweck Gemüthserholung wäre. Der Vorschlag ward mit Vergnügen angenommen, und seit der Zeit besteht die Gesellschaft, die unter den Mitgliedern herum geht, bis auf diesen Tag. Herr Pastor Gensike, für dessen langes Leben und Wohlergehen wir alle beten, ist unser Aeltester, die übrigen Mitglieder sind jetzo: Drei lutherische Prediger, unter denen ich einer bin, ein paar Doctores Mediciná, und ein paar von den Lehrern an unserm Gymnasio. Jeder, in dessen Hause die Zusammenkunft ist, kann noch andere von seinen Freunden dazu nehmen, so viel der Platz zuläßt. Mehrere Jahre lang hatten wir auch den Lehrer der Mennoniten, Domine Beets, der ein Verlangen dazu bezeugt hatte, unter uns. Dieser gelehrte und würdige Mann ist aber vor ein paar Jahren nicht allein seinen Freunden, sondern auch seiner Gemeine, die ihn recht ausserordentlich liebte, zu früh entrissen. Er starb nach einem langen schmerzhaften Lager, an der Wassersucht, und ich bin mehrmals ein Zeuge seines wahrhaftig starken Glaubens und christlicher Gelassenheit im Leiden gewesen. Den jetzigen Hofprediger und Pastor der reformirten Gemeine in Stadthagen, Herrn Tiedemann, muß ich Ihnen auch nicht als ein ehemaliges Mitglied unsers freundschaftlichen Cirkels zu nennen vergessen, da er sich von 1771 und 1772 als Vikarius während einer Vakanz bei der reformirten Gemeine, hier aufhielt, aber nicht länger bleiben konnte, weil eigentlich ein holländischer Prediger erwählt werden mußte, und er der Sprache nicht mächtig war.

In diesen freundschaftlichen Zusammenkünften, in welchen wir uns mit einander unterhalten, wie es in jeder andern Gesellschaft unter vernünftigen und christlichen Freunden geschieht, ist unser Gespräch auch sehr oft auf die Puncte geleitet worden, in denen wir nicht übereinstimmen. Da behauptet denn nun natürlicher Weise ein jeder seine Meinung, und wenn wir lange mit

mit einander darüber disputirt, bleibt ein jeder bei seiner Meinung. Weiter kommt da nichts heraus, und kann nichts anders herauskommen. Auf einem andern Wege aber, der richtiger und gewisser ist, sind wir mit einander übereingekommen. Folgendes ist unser Irenikum, von welchem wir wünschen möchten, daß alle protestantische Prediger in Deutschland es unterschrieben und sich darnach richteten, so wäre die Spaltung unter den Lehrern (denn unter den Lehrern ist sie doch eigentlich angegangen,) zu Ende, und das übrige würde hernach auch, wie wir glauben, keine grosse Schwierigkeiten finden.

1.) Der Unterschied in den Meinungen bleibt. Da sie nicht das Wesen des Christenthums betreffen, so halten wirs sehr überflüßig, daß einer den andern von der seinigen zu überzeugen sucht. Jeder glaube, was er nach seiner Ueberzeugung mit gutem Gewissen vor Gott für das richtigste hält, und denke: unser Wissen ist Stückwerk, wenn aber das Vollkommene kommt, so wird das Stückwerk aufhören. Ein jeglicher sei in seiner Meinung gewiß, Röm. 14, 5.

2.) Niemand soll den andern um der verschiedenen Meinungen willen verdammen, (die Liebe Christi soll es uns verbieten.) Niemand gegen den andern predigen, die verschiedenen Meinungen, die gar nicht in die Kette der Wahrheiten des Christenthums gehören, nicht mit Willen herbei ziehen, wenn die Gelegenheit es mit sich bringt, sie nur kurz anführen und vielmehr auf die Hauptsache gehen.

3.) Da inzwischen die Meinungen, in welchen wir verschieden sind, wegen der eingeführten öffentlichen Bekenntnißschriften, keine Privatmeinungen sind: so soll unsere Verpflichtung, die wir gegen unsere Gemeine bei Uebernahme des Amts eingegangen sind, keinesweges darunter leiden. Wir lutherischen Prediger tragen in Ansehung der verschiedenen Meinungen, nichts vor, was gegen unsere, und die reformirten Prediger, was gegen ihre öffentliche Bekenntnißbücher wäre. Das ist Pflicht, von der wir nicht abweichen dürfen.

4.) In den Gegenden, oder an den Orten, wo beide protestantische Gemeinen unter einander leben, sollen die Kinder belehrt werden, worinnen der Unterschied unter uns bestehe; ihnen einleuchtend gemacht werden, wie wenig er das Wesentliche des Christenthums betreffe, und sie angewiesen werden, sich untereinander als Glieder einer heiligen christlichen Kirche anzusehen und zu lieben.

5.) Da wir unter dem Namen der Protestanten schon immer zusammen gehört, und auch in der politischen Verfassung von Deutschland ein Corpus evangel. ausmachen: so verbinden wir uns mit Beiseitsetzung aller anderer Benennungen, noch näher unter dem Namen und Glauben evangelischer Christen. Die bei der unglücklichen Spaltung eingeführten Namen: Lutherisch und Reformirt, sind gar zu sehr gebräuchlich geworden, als daß sie sich so leicht und so bald wieder aus der Mode bringen liessen. Unserer Jugend soll aber verständlich gemacht werden, daß sie dabei nicht an zwo verschiedene Religionen denken müssen, wie man bisher wohl gedacht und gesprochen hat, sondern, daß diese Namen aufgebracht sind, um diejenigen zu unterscheiden, die sich ehedem um gewisser Meinungen willen zu voreilig und unüberlegt von einander getrennt, und es nun gewiß nicht thun, sich vielmehr gleich wieder vereinigen würden, wenn geschehene Dinge mit ihren Folgen sich so leicht wieder ungeschehen machen liessen.

6.) Die verschiedenen Gebräuche beim öffentlichen Gottesdienste sollen uns am allerwenigsten hinderlich

oder

oder anstößig seyn. Sie bleiben in einer jeden Kirche so, wie sie eingeführt sind. Sie haben ohnedem ihren Grund nicht in Verschiedenheit der Meinungen, sondern in der Gewohnheit und dem Herkommen, sind auch weder in der lutherischen noch in der reformirten Kirche überall gleich, sondern hängen ja in jedem Lande von der Anordnung der christlichen Obrigkeit ab, die das summum jus episcopale hat. Wir Lutheraner bekennen, daß an vielen Orten noch allerlei Gebräuche übrig sind, die unsere Reformatoren aus dem Pabstthum beibehalten, um keinen unnöthigen Zwiespalt zu erregen, weil damals noch immer eine Wiedervereinigung mit der Kirche, die uns in den Bann gethan, gewünscht und gehoffet wurde. Da daran nun nicht mehr zu denken ist; so wünschen wir, daß sie jetzt abgeschafft werden mögen, und daß man keine äussere Ceremonien beobachte, als die mit der vernünftigen Anbetung Gottes im Geist und in der Wahrheit, nach der Lehre Jesu, bestehen können, und dazu beförderlich sind. An unsern sogenannten Altären, unter denen wir nichts weiter, als Tische zum Genuß des heiligen Abendmahls verstehen, wird hoffentlich niemand was Anstößiges finden, da sie blos zur Zierde da sind. Die Reformirten müssen bekennen, daß sie an vielen Orten zu wenig Ceremonien beibehalten, die doch nöthig wären, um gehörigen Eindruck auf die Sinnlichkeit zu machen, die bei vielen Menschen nicht unbedacht gelassen werden muß. Da wir in Deutschland einerlei Uebersetzung der Bibel brauchen, da in der reformirten Kirche nachgerade überall anstatt der Psalmen, evangelische Lieder zu singen eingeführt werden: so ist der Unterschied schon nicht sehr merklich, und wird ohne Zweifel endlich ganz unsichtbar werden, wenn mit der Zeit überall erst ein recht gutes Ritual eingeführt worden seyn wird.

ungeachtet, doch kein Schisma entstanden und Paulus aus allen Kräften dagegen gearbeitet. Wir halten uns versichert, daß die Apostel, die die jüdischgesinnten schwachen Christen ungehindert bei dem mosaischen Gesetz bleiben liessen, und sie deswegen doch in die grosse Kirchengemeinschaft aufnahmen, jetzo auch uns in Ansehung unsers Dissensus bezeugen würden: „Wer die Gemeinschaft des Leibes und Blutes Christi und die Gegenwart desselben glaubt, der thuts dem Herrn; Wer es sich als eine Bedeutung, als eine sichtbare Vorstellung und lebhafte Versicherung des gekreuzigten Erlösers erklärt, der thuts auch dem Herrn; Wer auf den Altar hält, der thuts auch dem Herrn. Darum lasset uns nicht mehr einer den andern richten. Hast du die Ueberzeugung, so habe sie bei dir selbst vor Gott. Richtet nur das, daß niemand seinem Bruder einen Anstoß gebe, und schaffet, daß euer Schatz nicht verlästert werde.„ — Ist aber jemand unter euch, der Lust zu zanken hat, der wisse, daß wir solche Weise nicht haben, die Gemeine Gottes auch nicht. Der Gott der Gedult und des Trostes gebe euch, daß ihr einerlei gesinnet seyd untereinander, nach Jesu Christo, auch daß ihr einmüthiglich mit einem Munde lobet Gott, und den Vater unsers Herrn Jesu Christi. Nehmet euch unter einander auf, gleichwie Christus euch hat aufgenommen, zu Gottes Lobe!

Was sagen Sie insonderheit zu den letzten Artikel? Ich weiß es wohl, daß die strengere Parthei in beiden Kirchen damit nicht einstimmig seyn wird. Wird dieser Artikel erst zur Praxi gebracht: so ist der Unterschied so gut als aufgehoben. Ich kann nicht leugnen, es ist mir schon lange anstößig gewesen, daß oft Collecten unter uns zu Erbauung lutherischer Kirchen, z. E. in der Pfalz, gesammlet worden. Was haben denn diese Leute vor Noth? Ist es nicht, als

wenn

wenn sie unter fremden Glaubensgenossen wohnten und Gottes Wort theuer unter ihnen wäre? wenn ihre reformirten Brüder sie nur aufnehmen wollen, so fällt aller Grund weg sich abzusondern. Auffallend war mirs, in den ostindischen Mißionsberichten zu lesen, welche Freude unter den Lutheranern auf der Insel Ceylon darüber entstanden, daß der Mißionarius, Herr Gerike, der durch Sturm dahin verschlagen worden, ihnen einmal das heilige Abendmahl austheilen können; eine Religionshandlung, deren sie in Ermangelung eines lutherischen Predigers, lange entbehren müssen. Wenn die holländischen Reformirten auf der Insel sie von ihren Communionen ausgeschlossen, so ist es freilich für sie sehr betrübt gewesen: haben sie aber nicht darum angesucht, so sind sie selber Schuld daran gewesen, daß sie der herrlichen Erbauung bei dem Genusse des heiligen Abendmahls haben entbehren müssen. Nur müßte in solchem Fall, daß sie bei den Reformirten communicirt, ihnen auf die Zukunft unverwehrt geblieben seyn, auch es wieder bei den Lutheranern zu geniessen.

Können die verschiedenen Meinungen wohl ein hinlänglicher Grund des Ausschliessens von der Kirchengemeinschaft seyn? Wie viele müssen denn nicht ausgeschlossen werden! Und müssen wir just alle Recht haben, ich will nicht sagen, um selig zu werden, sondern in der Religionsgemeinschaft zu leben? Und sollten wir, die wir doch glauben, daß wir einen Himmel zu erwarten haben, uns schämen, mit einander an einem Tisch das Gedächtnismahl unsers grossen Herrn zu halten, bis daß er kommt, uns zusammen zu sich zu nehmen? Ich habe eine vor fünf Jahren zur Herrlichkeit eingegangene Dame gekannt, die gleich vortreflich an Verstand und Herzen, gewiß eine der rechtschaffensten und vertrautesten Freundinnen Jesu Christi ist war, die aber in vollem Ernst nach dem Tode ein Fegfeuer glaubte, oder einen mittlern Zustand der Läuterung, ehe man in die Wohnungen der Vollkommenen hinüber kommen könne. Das dächte ich, wäre doch gewiß eine viel wichtigere irrige Meinung, als eine von denen, die unter uns Protestanten streitig sind. Wäre die denn auch wohl ein Grund der Ausschliessung oder der Absonderung von der Kirchengemeinschaft? Wer kann sagen, daß zwei Menschen völlig in Meinungen übereinstimmen? Haben Luther und Melanchthon, haben Petrus und Paulus in allen Dingen und zu aller Zeit überein gedacht? — Ich sollte meynen, es wäre wohl einmal Zeit, den Deisten nicht mehr Gelegenheit zum Spott, über unsern innern Zwiespalt in Meinungen zu geben, — Zeit, alle für einen Mann gegen die Feinde des Christenthums zu stehen.

Bei dieser Gelegenheit kann ich nicht unterlassen, Ihnen noch etwas zu sagen, das Sie nicht unwichtig finden werden. Auf der zum Herzogthum Schleswig gehörigen Insel Fehmern, war der Königl. Amtmann ein Reformirter. Ich sehe nicht, was mich hindern sollte, Ihnen den Namen dieses würdigen Herrn zu nennen, der nun vor einigen Wochen zu seiner Ruhe eingegangen ist. Es war ein Herr von Hatzenbach, königlicher Landrath, ein Hesse von Geburt, und ein Mann von ganz vortreflichem Character. Der Amtmann, als der erste in einem jeden District oder sogenannten Amte, ist mit dem Probsten zugleich Kirchenvisitator, die beiden gemeinschaftlich haben den ersten Sitz im Consistorio, welches durch sie zusammen berufen wird, halten die jährlich gewöhnlichen Kirchenvisitationen in der Diöces, berichten davon nach Hofe, schlagen die Einrichtung in Kirchensachen vor, die sie nöthig und nützlich finden, und wachen über die Haltung

tung der Kirchengesetze. Bei der Introduction eines jeden neuen Predigers verrichtet nicht nur der Probst sein Amt, sondern auch der Amtmann, hält in der Kirche eine kleine Rede an die Gemeine, in der er den neuen Prediger im Namen des Königs vorstellt und empfiehlt. Das lutherische Consistorium auf der Insel Fehmern, hatte also einen reformirten Präsidenten, und das mit grossem Vergnügen; so daß sie, wenn sie die Wahl gehabt, keinen angenehmern hätten wählen können. Da war auch kein einziger unter den Predigern, der daran nur einmal gedacht haben, vielweniger darüber mißvergnügt gewesen seyn sollte. Es kann seyn, daß in andern Aemtern eben der Fall gewesen, oder noch ist. Hier weiß ich es zuverläßig.

Diese Nachrichten gebe ich Ihnen auch deswegen mit, weil ich gern die Geistlichen in meinem Vaterlande von dem Verdacht befreien möchte, als wenn sie intolerante Leute und Ketzermacher wären. Ausländer, die den Nothanker gelesen haben, müßten nothwendig denken, der Verfasser dieses Romans, werde gewiß seine gute Ursachen dazu gehabt haben, daß er so tumultuarische Auftritte, als da im zweiten Theile vorkommen, just in Holstein paßiren lassen, — müßten denken, dieß sei wohl ein Land, wo dergleichen ärgerlicher Zank leicht möglich wäre. Aus dem erzehlten können sie einigermassen urtheilen, wie unrecht der Mann meinen Amtsgehülfen hier im Lande gethan, und ich will alles verlohren haben, wenn auch nur ein Ort genennet werden kann, an welchem der geringste Funke der Unverträglichkeit unter der Asche glimmte.

Finden Sie das Gesagte einigermassen brauchbar für unsere Zeiten, so können Sie es gern, als einen Auszug aus meinem Briefe, zur Bekanntmachung übergeben. Herr Pastor Gensike hat nichts dagegen, daß ich Ihnen seinen Namen genannt, und wird auch nichts dagegen haben, wenn er öffentlich genannt wird. Auch mit dem meinigen habe ich keine Ursache, geheim zu seyn. Wers lieſt, wie ich mich unterschrieben habe, der weiß denn, daß ich Ihr Freund bin, und das kann mir nicht anders, als zur Ehre gereichen. Nachrede darf ich nicht fürchten, da die Zeiten des heßlosen Lärms über den Cryptocalvinismus vorbei sind. Wollte aber doch einer und der andere — so sage ich: mir ists ein geringes, daß ich von euch gerichtet werde. Der Herr ists, der mich richtet. Darum richtet nicht vor der Zeit, bis der Herr komme.

Ich bin mit der Wärme der Freundschaft, deren ich mich von Ihnen versichert halte, auch

Ihr

treuer Bruder und Mitarbeiter am
Evangelio Jesu Christi,

F. C. Reichenbach.

Da dieser Brief, der eigentlich aus dem Journal für Prediger genommen ist, auch angezeigtermassen in der gedruckten Buchhändlerzeitung befindlich; so habe ich um so weniger Bedenken getragen, denselben den Merkwürdigkeiten von Altona beizufügen, da derselbe zu einem unumstößlichen Beweise von der Toleranz und menschenfreundlichen Gesinnung der hiesigen Geistlichen dienen kann.

Neunter Abschnitt.

Von dem Zustande der Gelehrsamkeit und den dahin gehörigen Anstalten.

Da die Beschaffenheit der Erziehungs- und Schulanstalten von den Vereinigungsumständen und von der Hülfe der Einwohner um ein nicht geringes abhänget, so ist leicht zu erachten, daß die Einrichtung derselben in Altona anfänglich so beschaffen gewesen, daß sich das von nichts vorzügliches sagen lässet; so wie im Gegentheile mit der Aufnahme der Stadt auch hierinnen grosse Veränderungen vorgenommen worden, und Altona nunmehro in Ansehung der Erziehung solche Anstalten aufzuweisen hat, die auch den angesehensten Städten Deutschlandes wo nicht den Vorzug streitig machen, doch wenigstens zur Seite gesetzt werden können. Anfänglich mußte die Jugend nach Ottensen zur Schule gehen, und vermuthlich hat Altona erst zu Ende des 16ten Jahrhunderts eine eigene Schule erhalten, weil bereits Ao. 1630 hieselbst ein verordneter Schulmeister angesetzt gewesen. Diese Schule muß in grössern Ruf, als die Ottenser gewesen seyn, weil diesen Ao. 1651 untersagt ward: ihre Kinder nach Altona zur Schule führen zu lassen. Indessen bleibt es wohl gewiß, daß in derselben nur bloß im Lesen, Schreiben und Rechnen Unterricht gegeben worden. Nachhero, da man eine eigene Kirche erhielte, ist die Schule in des Organisten Hause gehalten, und in einem Documente von 1672 findet sich, daß der Organiste, zugleich Rector der Schule genannt worden. Unerachtet dieser elenden Anstalten ist schon hieselbst eine eigene Buchdruckerei gewesen, worinn unter andern die pinnebergische Kirchenconstitution von 1662 gedruckt ist. Um das Jahr 1682 fing man an auf die Errichtung einer Schule zu denken; zu welchem Ende man Geld sammlete, und die Bürgerschaft bewilligte zu diesem guten Werke eine allgemeine alljährige Zulage. Es ward einer, Namens Daniel Hartnac, als Rector, und ein anderer, Namens Mummeus, als Conrector, hieher berufen, auch ein Haus nahe an der Kirche, zum Schulhause gewidmet, allein diese Anstalten dauerten nur einige Jahre. Das Leben Daniel Hartnacci beschreibet Möller ganz weitläuftig;⁴⁵) Es kommen besondere Umstände darinn vor, die von dessen schlechten Aufführung an vielen Orten zeugen, auch hat er die mehresten Bedienungen ohne Abschied verlassen. Hier in Altona bekam er in seinen Vorlesungen von denen, die das hamburgische Gymnasium frequentirten, einen starken Zulauf. Dieses ward von dem hamburgischen Magistrate, auf Ansuchen des hamburgischen Professoris, Vinc. Placcii, verboten; Hartnac gerieth hierüber mit Placcio in Streit, ward aber auch, weil er in einer Schrift an den hamburgischen Magistrat, Hamburg der Zeit eine kaiserliche freie Reichsstadt genannt, von dem königl. Obersachwalter in Ansprache genommen.

Inzwischen findet man, daß in dem 1696sten Jahre bei der Schule ein Schreibmeister, und überdem der Küster, der auch zugleich Schulmeister gewesen, gestanden habe.

Der grosse König Friederich der Vierte, nahm sich der verfallenen Schulanstalten aber liebreichst an. Denn in einer desfälligen allerhöchsten Verordnung heißt es:

„Gleichwie Wir auch ferner mit nicht geringer Be-
„fremdung vernehmen, wasgestalt bishiezu die
„Stadt Altona, noch mit keiner rechten Schule ver-

---

⁴⁵) Molleri Cimbr. Litterat. Tom. 2. p. 298. seqq.

„versehen, und die zu Errichtung des nöthigen
„Schulgebäudes ehemals gesammlete ansehnliche
„Summe Geldes zu andern zwar noch zur Zeit
„unbekannten Ausgaben verwendet worden, hierinn
„aber eine bessere und mehr christliche Anstalt zu
„machen höchst nöthig ist, als befehlen Wir hiemit
„allergnädigst, daß der Stadtmagistrat mit der
„Priesterschaft, und dem Ausschusse oder Kämme-
„reibürgern, sich solle ehestens zusammen thun, und
„was Weise nicht nur zu einem nöthigen Schulge-
„bäude, sondern auch zu Salarirung vorerst etwa
„vier Schulcollegen zu gelangen seyn möchte, mit
„einander überlegen und dazu Vorschläge thun,
„annebenst, wohin die vormals dazu gesammlete
„Gelder verwandt, von den Erben dessen, der sie
„unter Händen gehabt, Rechenschaft erfordern, und
„darauf, was sie in obigen allen, respective thun-
„lich erachten, oder vor Recht finden, Uns zu fer-
„nerer Verordnung ehestens allerunterthänigsten
„Bericht abstatten.„

So viel Vorsorge äusserten allerhöchstgedachte Ihro königl. Maj. für die Errichtung einer Schule hieselbst. Ob aber die im Jahr 1708 von dem damaligen Rathsherrn, Christian Hinrich Vahlenkamp, an Sr. königl. Majestät allerunterthänigst erlassene Vorstellung um Einrichtung einer Schule, den königl. Absichten gemäß eingerichtet gewesen, ist unbekannt. Genug es ward weiter nichts daraus, als daß hiernächst in den Nachmittagspredigten zu einem Capital für die Schule gesammlet wurde. So viel ist gewiß, daß die über den damaligen Magistrat niedergesetzt gewesene Commißion, auch die oberwehnte Schulsache mit zum Vorwurf gehabt habe.

Die bald darauf erfolgte Verbrennung der Stadt, hatte den Musen nicht vortheilhaft seyn können, wenn nicht

nicht die gütige Vorsehung besonders über Altona gewachet, und sie nach dem harten Schicksal grössern Glückseligkeiten vorbehalten hätte. Denn mit dem Wachsthum der Stadt schien auch das Schulwesen empor zu kommen. Schon im Jahr 1713 fing man an, auf eine lateinische Schule zu denken, worüber längst vorher, wie erwehnt, königl. Befehl ergangen, und der Herr Graf von Reventlau liessen sich diesen allergnädigsten Befehl äusserst angelegen seyn. Ihro königl. Majestät bewilligten eine Sammlung für die abgebrannte Stadt, durch ganz Dännemark und Norwegen; wovon ein guter Theil, wie auch von den Strafgeldern der gewesenen Magistratspersonen, zur Erbauung der Schule geschenkt ward. Man kaufte einen Platz, wo die Schulgebäude stehen sollten, und der damalige Compastor und nachherige Probst Sasse, hatte sich sowohl vor dem Brande, als nach demselben, durch seinen Fleiß und Mühe ein solches Capital zusammen zu bringen gewußt, welches ihm um das Schulwesen unsterblich gemacht. Nur Schade, daß er, ehe man noch mit dem Bau anfing, diese Zeitlichkeit verließ. Nach Absterben des Probsten Sasse, wurden im Jahr 1718 den 10. Jun. zween aus der Bürgerschaft zu Provisoren der Schule, von des Herrn Grafen von Reventlau Excellenz, ernennet und bestellet. Es ward endlich nach vielen überwundenen Schwierigkeiten der Bau der Schulhäuser, welchen der Rathsverwandte Behn dirigirte, im Jahre 1719 angefangen, und im Jahr 1725 zu Stande gebracht, als sich das Vermögen der Schule auf einige 50000 Mark betragen. Diese neuerbaute Schule nannte man die Friederichsschule.

Der angenommenen Lehrer waren fünf; und zum Honorario wurden dem Rector 900 Mark, dem Conrector 600 Mark, dem Subrector 600 Mark, dem
Can-

Cantor 500 Mark, und dem Schreib- und Rechenmeister 600 Mark ausgesetzt. Die Eröfnung der Schule geschahe den 24. April des 1725. Jahres, und ward vorhero durch eine Intimation des Herrn Grafen zu Reventlau öffentlich bekannt gemacht.

Die ernannten Lehrer waren: Gabriel Benedict Lübecke, als Rector, der zum Schulwesen unvergleichliche Gaben hatte. Johann Crusius, als Conrector, Julius Friederich Scharfenstein, als Subrector, Johann Ernst Kühlmorgen, als Cantor, und Johann Baptista Nagel, als Schreib- und Rechenmeister. Diese fünf Männer fingen also die Arbeit in der Schule an, welche im Anfange stark besuchet ward, zumal da in dem zugleich aufgerichteten Chor viele Studirende ihren Unterhalt fanden und von der Bürgerschaft sehr liebreich aufgenommen wurden. Der gute Ruf der Schule würde länger geblieben seyn, wenn nicht der Tod den Rector Lübecke zu früh hinweg genommen, und sich mehr andere Zufälle begeben hätten, wodurch bis in dem 1736. Jahre das Schulwesen wiederum in einem äusserst verdorbenen Zustande gerathen war. Dem neuen Präsidenten, Herrn von Schomburg, war es also aufbehalten, für die Verbesserung des Schulwesens zu sorgen, und er hat auch in dieser Absicht, es weder an Eifer noch Bemühung fehlen lassen. Durch seine allerunterthänigste Vorstellung ward unterm 17. Decembr. 1736 ein königl. allerhöchster Befehl ausgewirkt, daß alle Jahr zweimal öffentliche Schulvisitationen in Gegenwart des Magistrats, Ministerii, auch anderer Gelehrten, und Bürger, vorgenommen werden sollten. Endlich hatten Ihro königl. Maj. Christian der Sechste die allermildeste Vorsorge, diese Schule unterm 3. Febr. 1738 in ein Gymnasium zu verwandeln, wobei dem Herrn Präsidenten und dem Herrn Probsten die Aufsicht als

Gymnasiarchen aufgetragen wurde. Von dieser Zeit
fängt also gleichsam eine neue Periode an. Die dazu
allerhöchst berufene und ernannte Lehrer waren: Der
bei der wernigerodischen Schule als Rector gestandene
Herr Eust. Fried. Schütze, zum Director und Profess.
Theol., der Herr Doct. Georg. Christ. Maternus,
Edler von Cilano, Physicus der Stadt Altona, zum
Professor der Naturlehre und Medicin, und der Herr
Hinrich Scholze, damaliger Rector zu Ploen, zum
Professor der Philologie. Nachdem diese öffentlich
introducirt, auch der Herr Georg Quapner als Conrector des Pädagogii vorgestellet worden, ward mit
dem Anfang des 1739sten Jahres, der erste Lectionscatalogus herausgegeben, und jeder der Herren Professoren kündigte seine Vorlesungen mit einer besondern Einladungsschrift an. Die obersten Classen, wo
die Professores öffentlich lehreten, hiessen das Gymnasium, die andern, welchen der Rector, Conrector und
andere Præceptores vorgesetzet waren, und worinne
eigentlich die Sprachen und andere schöne Wissenschaften gelehret werden sollten, hiessen das Pädagogium,
die untersten aber, wo das Rechnen, Schreiben, die
Anfangsgründe des Christenthums und der lateinischen Sprache getrieben, ward die Vorbereitungsschule geheissen. Die vorhandene Schulgebäude, so
schön und groß sie auch waren, wurden den jetzigen
Anstalten nach zu klein. Se. Königl. Maj. bewilligten daher unterm 27. April 1739 allergnädigst, daß
die Gebäude vermehret werden dürften, mithin ward
noch in selbigem Jahre der linke Flügel neu angebauet, welcher das grosse Auditorium, Wohnung für
2 Professores und viele Zimmer für Studirende enthielte, und wie auch dieses Auditorium zu klein ward,
die Bibliothek aber (die der Ao. 1727 verstorbene
Johann Otto Gläsing der altonaischen Schule vermach-

machte,) einen geräumlichen Platz erforderte, so wurde im Jahr 1742 der rechte Flügel neu erbauet, und darinn ein prächtiges Auditorium errichtet, auch für den Oeconomum eine Wohnung und für Studirende verschiedene Zimmer zurecht gemacht, die Bibliothek aber in das vormalige grosse Auditorium gebracht, worüber nachhero der Professor, Herr de Cilano, zum Bibliothecario gesetzt wurde. Vorhero aber in dem 1739sten Jahre ward der Herr Dr. Christ. Andr. Meycke als Profess. jur. angestellt, und im Jahr 1740 erhielte das Gymnasium noch zwei Lehrer und einen Collaborator, nämlich, den auf der hallischen Academie als Adjunctus der philosophischen Facultät gestandenen Magister, Herrn Gottfried Profe, zum Professor der Mathematik, und dem bei der klosterbergischen Schule gestandenen Herrn Elias Casp. Reichard ward das Amt eines Subrectors beim Gymnasio anvertraut, welcher zu Ende des Jahres die ausserordentliche Profeßion der Weltweisheit erhielte, der Herr Magister Joh. Fried. Hahn hingegen ward zum Collaborator allergnädigst verordnet. Endlich ward auch das Gymnasium mit einem eigenen Siegel versehen, welches einen mit Pflanzen besetzten Hügel, den die Sonne bestrahlet, vorstellet, mit beigesetzten Worten: Supremis alimur viribus, und der Umschrift: Sigill. Gymnas. Academ. Altonav. Die Landschaften Eyderstädt, Tundern und Pellworm hatten ehedem zu den auf der Universität Kiel eingerichtet gewesenen Freitischen eine gewisse Summe Geldes bezahlen müssen. Von diesen Geldern besahlen Ihro Königl. Maj. allergnädigst, so viel nach Altona zu bezahlen, daß zehn Freitische davon gehalten werden könnten, wozu jedoch die von den Landschaften zu präsentirende Einheimische vorzüglich für andere genommen werden sollten.

In

In diesem 1740sten Jahre hielten der Professor juris und der Professor medicinae et physices die ersten öffentlichen Dissertationes, welchen daher auf königl. allerhöchsten Befehl Geldprämien ausgetheilet worden. Auch ward noch ein ansehnliches Capital von Sr. Königl. Maj. geschenket, und einige hundert Reichsthaler zu Anschaffung physicalischer Instrumenten ausgesetzet. Im folgenden 1741sten Jahr ward der Herr Paul Christian Henrici, jetziger königl. Justizrath und erster Professor, um nebst der französisch- und italienischen Sprache auch die Humaniora zu lehren, allergnädigst ernannt. Auch ward in diesem Jahre die erste öffentliche Visitation im Gymnasio und das Examen im Pädagogio angestellet, und hierauf übernahm der Herr Georg Aug. Detharding im 1742sten Jahr das Amt eines Lehrers der Historie und Alterthümer. Solchergestalt waren nunmehro in allen Wissenschaften Lehrer bestellet, die sowohl in Ansehung der Geschicklichkeit als Treue, ihrer Pflicht Gnüge leisteten, dahero dann die Anzahl der Studirenden immer mehr und mehr zunahm. Die ganze Anstalt enthielte überhaupt, die Vorbereitungsschule, das Pädagogium und Gymnasium; welche letztere beide in einer genauen Verbindung mit einander standen. In den obern Classen des Gymnasii wird die Theologie, Rechtsgelehrsamkeit, Universalhistorie, Staatsrecht, Medicin und Naturlehre, Philosophie, Mathematik, Physik, und alle übrige Wissenschaften, nicht nur nach ihren ganzen Umfange, sondern auch nach ihren besondern Theilen, deutlich vorgetragen und erkläret. Wie denn nicht weniger die Studirende im Disputiren geübt werden. In den Classen des Pädagogii werden alle die Disciplinen und Sprachen vorgetragen, welche eigentlich in die Schule gehören; mithin wird ausser der Theologie und den Anfangsgründen der Logik, Mathematik und Historie,

die

die lateinische und die orientalischen Sprachen, nebst der französischen und italienischen getrieben. In der Vorbereitungsschule wird die Jugend in den ersten Gründen der Religion und Sittenlehre, in den Anfängen der deutschen, lateinischen und griechischen Sprache, der Historie und Geographie, und im Rechnen und Schreiben unterrichtet.

Von den Professoren ward wöchentlich eine Versammlung gehalten, worinnen theils über die ordentliche Unterweisung, theils über eine sorgfältige Erziehung berathschlaget wurde, und alle mögliche Verbesserungen zur gemeinschaftlichen Beurtheilung vorgetragen. 46)

So weit waren diese Anstalten gediehen, als Seine königl. Maj. Christianus der Sechste, glorwürdigsten Andenkens, solche mit Dero allermildesten Fundation 47) versahen und die feierliche Einweihung dieses academischen Gymnasii allergnädigst befahlen, welches dann auch am 26. Maji 1744 mit vielen Solennitäten geschahe, und wovon sämtliche Acta durch den Druck bekannt gemacht worden. 48)

Das Gymnasium Academicum ist ein Collegium, so von aller Jurisdiction des Magistrats, und der Regierung eximiret ist, immediate unter Sr. Königl. Maj. stehet, und die Professores haben, nebst einem anständigen Range, die Freiheit von allen personal Oneribus. Es hat jurisdictionem Civilem et Ecclesiasticam ohne weitere Appellation, und die erste Instanz ist das Collegium Professorum, die zweite das Collegium

---

46) Siehe das neu errichtete Gymnasium und Pädagogium, 4to.
47) Siehe Sachw. Schmids Geschichte p. 248 ic.
48) Historische Nachrichten von Einweihung des Gymnasii, 1744.

gium Gymnasiarchale. Von da wird keine weitere Appellation verstattet. Das Collegium Gymnasiarchale bestehet aus dem p. t. Oberpräsidenten, und Probsten, als eigentlichen Gymnasiarchen, sodann dem ältesten gelehrten Bürgermeister und dem Stadtsyndico, welche sämtlich das Gymnasium bei seinen Vorrechten, Freiheiten und Privilegien handhaben, auf die gebührende Beobachtung der Specialinstruction pro Directore, Professoribus et Praeceptoribus sehen, eine gute Harmonie unter denselben erhalten, bei Erledigung eines und andern Lehramtes gelehrte und tüchtige Männer in Vorschlag bringen, den jedesmaligen Directorem Gymnasii, mittelst Ueberreichung der Insignien, als des Fundationbriefes und der sämtlichen Legum und Statuten der Matricul, des Siegels und der Schlüssel zur Conferenzstube, zu den Auditoriis u. s. w. öffentlich und feierlich installiren, der vom Directore zu verrichtenden Introduction eines neuen Professoris oder Präceptoris beiwohnen, die Sprach= und Exercitienmeister und den Pedellen annehmen, auch dem Befinden nach wieder dimittiren, und sonst alles und jedes verfügen und ins Werk richten sollen, was zur Oberaufsicht über diese Anstalten gehöret, und zu deren Wachsthum und Aufnehmen dienen könnte. Hierzu kam noch, daß Se. königl. Maj. vermittelst eines Patents [49]) vom 11. Maji 1744 die Frequentirung des altonaischen Gymnasii dergestalt allergnädigst anpriesen, daß die hieselbst Studirende vorzüglich für andern Beförderung zu gewarten hätten, und wenn sie auswärtige Gymnasia und Scholas Classicas besuchen wollten, sie das altonaische für andern erwählen sollten. Die obgedachte Einweihung ward prächtig vollzogen, und es war merkwürdig, daß an eben diesem Tage eine königl.

---

[49]) Siehe Sachm. Schmids Geschichte p. 262 ꝛc.

königl. allermildeste Schenkung von 9000 Mark einlief, wie denn auch Ihro Maj. eine ansehnliche jährliche Revenue zu besserer Salarirung der Lehrer allergnädigst aussetzten.

In den vorstehenden Merkwürdigkeiten von Altona ist schon berührt worden, daß das mit dem Gymnasio in Verbindung gestandene Pädagogium im 1751sten Jahre völlig davon getrennet ward. Durch Sr. jetztregierenden königl. Maj. allermildeste Vorsorge aber, ward im Jahre 1771 diese Trennung völlig aufgehoben und eine genaue Vereinigung dieser beiden Schulanstalten unter dem alleinigen Namen des Gymnasii angeordnet. Das Gymnasium bestehet nunmehro aus vier Klassen, nämlich Selecta, Prima, Secunda und Tertia. Die Lehrer sind keinesweges an eine Klasse gebunden, sondern die Klassen werden von mehrern Lehrern besorgt. Ausser den 4 Klassen ist noch beim Gymnasio eine Vorbereitungsschule von zwo Klassen, die ihre besondere Lehrer und weiter mit dem Gymnasio keine Verbindung hat, als daß die Jugend darinn zu der untersten Klasse des Gymnasii vorbereitet wird. Diese Vorbereitungsschule steht unter der Oberaufsicht des Gymnasiarchen und unter unmittelbarer Inspection der Lehrer des Gymnasii, und namentlich des Rectors. Den 29. Septembr. 1773 ward für das Gymnasium eine allergnädigste confirmirte Gymnasienordnung ausgefertigt. Auch muß ich bei diesem Institut zu gleicher Zeit der Gymnasienbibliothek, die einem jeden wöchentlich zweimal, als des Mittewochens und Sonnabends Nachmittags, offen stehet, Erwehnung thun, und würde ich hier sonst Gelegenheit haben, meine Leser mit der Geschichte derselben auf eine angenehme Art zu unterhalten, wenn nicht bereits der Herr Justizrath Henrici in der ihm eignen zierlichen römischen Sprache im Jahr 1772

1772 und 1775 in zween Programmatibus, wovon das erstere

De Bibliotheca Gymnasii Altonani Narratio,

und das zweite

De Bibliothecae Publicae ex Cilaniana Incrementis, Prolusio

betitelt ist, in dieser Absicht alles dasjenige geleistet hätte, was man sich von der Feder eines Mannes versprechen kann, dessen Verdienste in der Litteratur längstens entschieden sind, und worauf ich also meine Leser einzig und allein verweisen kann.

Das Königl. Gymnasium, und zwar das Collegium Gymnasiarchale, bestehet gegenwärtig aus:

Sr. Excellenz dem Herrn Geh. Rath von Gähler, als Oberpräsidenten.

Dem Herrn Consistorialrath Ahlemann, als Kirchenprobsten.

– – – Etatsrath und ersten Bürgermeister Gries.

– – – Syndicus Gähler.

Lehrer bei dem Gymnasio sind:

Herr Justizrath Paul Christian Henrici, Professor und Bibliothekar.

– – – – – Johann Jacob Dusch, zweiter Professor.

– – Doctor Johann Christoph Unzer, Professor der Naturlehre und Naturgeschichte.

– – Hinrich Samuel Jehne, Professor und Rector.

– – Hans Hinrich Vogler, Conrector.

– – Marcus Wilhelm Müller, Subrector.

– – Bernhard Christoph Heuser, Cantor.

– – Joachim Lütkens, Schreib= und Rechenmeister.

Ausser dieser gelehrten Anstalt, geruheten Seine königl. Maj. Christianus der Sechste, zur noch weitern Aufnahme der Stadt Altona und zum unfehlbaren

ren Nutzen des ganzen Publici, hieselbst ein Collegium Anatomicum etabliren zu lassen. Des Endes dann auch in dem 1738sten Jahre, alle chirurgische Operationes an ein männliches Cadaver gezeiget wurden. [50] Es konnte aber der behörige Nutzen nicht erreichet werden, ohne daß ein Theatrum Anatomicum errichtet wurde, welche Anstalt dann Seine Königl. Maj. sowohl als die Gesetze, nach welchen dabei verfahren werden sollte, durch ein ergangenes Rescript, [51] allergnädigst anordneten. Dieses ward auch würklich im Jahr 1739 erbauet, und ein eigenes Collegium Anatomicum errichtet.

Im Anfange des folgenden Jahres ward dieses Theatrum Anatomicum mit einem besondern Siegel allergnädigst versehen, worauf ein auf dem Tisch liegender Körper oder Cadaver mit einem daneben stehenden Demonstratore zu sehen, mit der Unterschrift: Mors vitae prodest, und die Umschrift lautet also: Sigill. Reg. Theatr. Anatom. Altonensis Anno MDCCXXXX. Dieses Siegel dienet unter andern dazu, daß Körper, so justificiret worden, oder sonst in der Frohnerei gestorben, mit selbigem legitimiret werden, damit die Operationes daran geschehen können, wobei der Directeur sich dieser vorgeschriebenen Worte zu bedienen hat: Mit allergnädigster Bewilligung Ihro Königl. Maj. zu Dännemark Norwegen, meines allergnädigsten Königes und Herrn, wie auch mit Autorität Präsidenten, Bürgermeistere und Rath, wird gegenwärtiger Körper, durch Aufdruckung dieses allerhöchst verordneten Siegels als ehrlich erkläret. Den 25. Februar des gedachten Jahres ward also das Theatrum

---

[50] Siehe hamburgische Berichte von gelehrten Sachen de Ao. 1738. p. 201 seq.

[51] Siehe Sachwalter Schmids Geschichte pag. 264 ꝛc.

trum Anatomicum eröfnet, und mit den Lectionibus und Demonstrationibus der Anfang gemacht, welche der Herr Professor de Cilano durch eine Einladungsschrift ⁵²) angekündiget. Es ist seitdem in allen Jahren mit den Demonstrationibus fortgefahren worden, und sind ausser Kopenhagen, Berlin und Göttingen ꝛc. wol wenig bessere Anstalten von dieser Gattung in Deutschland.

Gegenwärtig bestehet das Collegium Anatomicum aus:

Den Herrn Archiater Philipp Gabr. Hensler, D. und Stadtphysicus und Director Collegii.

: : : Johann Georg Neßler, Demonstr. ordinar. und Operateur.

Die preißwürdigste Veranstaltung der Armen- und Waisenschule in hiesiger Stadt, welche der gütige und in Altona unvergeßliche König Christian der Sechste in dem 1736sten Jahre allermildest gestiftet, ist auch nicht zu übergehen. Allerhöchstdieselben bezeigten bei Dero damaligen Hierseyn ein wahres Mitleiden, daß für den Unterricht der armen Kinder, im Christenthum und sonsten, noch nicht genugsam gesorgt wäre. Sie entschlossen sich dahero, eine Armen- und Waisenschule zu stiften, schenkten zu dem Ende ein Capital von 5000 Rthlr. und befohlen, davon zween Candidatos Theologiæ, als Catecheten, zum Unterricht dieser Armen- und Waisenkinder zu unterhalten. Der Stiftungsbrief ⁵³) ward noch in demselben Jahre den 9. Julii hieselbst allermildest unterschrieben, und nebst dem Präsidenten, der Stadtkämmerier und ein Stadtprediger zu Inspectoribus

der

---

⁵²) Von dem Wachsthume der Anatomie, 1740. 4to.

⁵³) Siehe Sachw. Schmids Geschichte pag. 282 ꝛc.

der Zeit allergnädigst verordnet. Sodann auch diese Armen- und Waisenschule noch in gedachtem Jahre errichtet ward. Wie eifrigst Se. Königl. Maj. für das Wohl dieser Armen- und Waisenkinder gesorget, ersiehet man aus einigen Stellen, in der an die Herrn Inspectores ergangenen Befehle, woselbst es in dem einen heißt: „Dergestalt und also thun und verrich„ten sollet, wie ihr es für Gott und Uns zu verantwor„ten gedenket, auch Unsere hierunter hegende Christ„köttigliche Absicht für das ewige Wohl Unserer Unter„thanen, möglichstermassen erreichet werden mögte.„ Und in einem andern wegen Annehmung eines Catecheten: „Wir versehen Uns aber hierbey eurer gewiss„senhaften Inspection, vermöge welcher ihr dahin „sehen werdet, daß selbiger sein Amt also verrichte, „wie Ihr und Er es an jenem grossen Gerichtstage „für Gott und Uns es zu verantworten gedenken.„

Diese Armen- und Waisenschule wird in dem Waisenhause gehalten, woselbst auch der Catechet und zwei Schulhalter wohnen, um auf die Erziehung der Kinder besser Acht haben zu können.

Ausserdem sind hieselbst eine gute Anzahl Schulen verordnet, woselbst die Kinder in der Gottesfurcht, Lesen, Schreiben und Rechnen unterwiesen werden.

Uebrigens ist Altona mit einem Buchladen, auch 4 Buchdruckereien versehen; worinn unter andern 10 Stück politische Zeitungen, 2 Stück Adreßcomtoirs Nachrichten und ein Stück des gelehrten Mercurs, wöchentlich gedruckt werden.

Zehenter Abschnitt.
Von dem Zustande der Handlung, des Commerciums und der Manufacturen. Vermischte Nachrichten.

Daß durch Handel und Gewerbe ein Staat groß und glücklich werden kann, braucht wohl keinen weitern Beweis. Diejenigen Oerter also, welche an der See oder an schiffbaren Flüssen liegen, haben sehr vieles für andern voraus. Wenn solche nun Handlung, Schiffarth, Künste und Gelehrsamkeit verabsäumten, würde man ihnen einen grossen Fehler in der Staatsklugheit zuschreiben. Unserm Altona hat die Natur eine solche Lage geschenkt, die in ganz Deutschland wenig zu finden; indem oftgedachtermassen der schiffreiche Elbstrom längst der Stadt herfliesset, und die grössten Schiffe hinter den Häusern anlegen können. Hamburg ist durch diesen Vortheil groß und reich geworden, und noch gegenwärtig macht das See- und Elbgewerbe, daß sie vor andern gleich glücklich und mächtig gewesenen Städten, die Oberhand behält. Die weisesten Beherrscher des dänischen Throns haben diesen Vortheil von jeher gewust, und daher von Anfange dahin getrachtet, daß sie so wie in ihren Königreichen und Landen, auch in Altona mit der Zeit den Handel blühend machen mögten. Auch haben unsere mildreichen Regenten, durch Ihre erhabene Beispiele überhaupt gezeiget, daß auch in souverainen Staaten, der Handel völlig blühen könne.

Das erste Gewerbe ist indessen, von verschiedenen Handwerkern getrieben, welchen die Fischer mit ihrer Handthierung auf der Elbe zu Hülfe gekommen. Die fremden Religionsverwandten, als Juden, Mennonisten und Reformirte aber haben unstreitig das erste Negoce zu treiben angefangen. Die Grafen von Schauen-

Schauenburg ertheilten den Handwerkern allerlei Privilegia, versahen auch die fremden Religionsverwandten mit nöthiger Freiheit, alleine den ersten Grund zu dem jetzigen Zustande der Handlung legten Se. Königl. Maj. Friederich der Dritte, glorwürdigsten Andenkens, in dem dieser Stadt Ao. 1664 allergnädigst ertheilten Privilegio, 54) denn dieses ist lediglich darnach eingerichtet, daß Handel und Wandel hieselbst empor kommen soll. Höchstgedachter König stunden, wie schon vorhero gedacht worden, auch der Stadt, in Ansehung der aus Jütland und Führen kommenden, und mit fetten und andern Waaren beladenen Schiffen, das jus stapulae zu. Diese Freiheiten hatten dann auch viele Fremde gereizet, sich hieselbst niederzulassen, und man hatte einen ziemlichen Handel hieher gezogen, als durch dem im Jahr 1713 erfolgten unglücklichen Brande auch Handel und Wandel zerstöret werden mußte. Durch die vermehrte Freiheiten und mildreiche Vorsorge des glorwürdigsten Königs Friederich des Vierten, ward das Verlohrne indessen bald wieder ersetzt. Die Kaufleute bemüheten sich zuerst die Speditions derjenigen Güter an sich zu bringen, die aus Deutschland nach Engeland, Frankreich, Spanien und Holland, und von da wieder dort hin gehen sollten, mithin ein beständiges Waarenlager von allerlei Nationen Kaufleute Güter zu haben, und selbigen Altona bekannt zu machen. Zu dem Handel auf Dännemark und Norwegen hatten sie die natürlichste Ansprache, und der eigene Handel ward von Jahr zu Jahr stärker getrieben. Sr. Königl. Maj. Christianus der Sechste, glorwürdigsten Andenkens, zeigten auch, wie sehr Allerhöchstdieselben den Handel zur See befördern und Altona für andern einen Vorzug verschaffen wollten, daher resolvirten Sie im Jahr 1739

---

54) Siehe Sachwalter Schmids Geschichte p. 50 rc.

1739 allergnädigst: daß intuitu Peter nach dieser Stadt zu weiterer Spedition consignirten Waaren und Effecten, so lange bis wegen Dero allerhöchsten Strandregalis, keine anderweitige Maßgebung erfolgte, bei allen und jeden sich eräugnenden Strandfällen, der allerhöchstgedachten Ihro Königl. Maj. von denen Strandgeldern sonst gebührende Antheil nachgelassen, und den Eigenthümern geschenkt seyn sollte. Jedoch ist zur Verhütung aller Misbräuche und Unterschleife ein jeder Spediteur, sobald eine Strandung vorfällt, woran er Antheil zu haben prätendiret, seine in Händen habende Connoissemente wegen der an ihn zu weiterer Spedition consignirten Waaren und Effecten sofort bei hiesiger Obrigkeit zu produciren und eidlich zu erhärten schuldig, immaßen diesen samt deren Committenten und Correspondenten solche allerhöchste Königl. Gnade, nur alleine zu gute kommen sollte. Wer die Strenge des Strandrechts, und dabei, daß es ein Regale sei, erweget, der siehet gar leicht, daß solches ein grosser Vortheil für die hiesige Commercirende sei, und fremde Kaufleute dadurch nothwendig bewogen werden müssen, ihre Güter am liebsten in altonaischen Schiffen zu laden oder an hiesige Kaufleute zu consigniren. Im ganzen hat die Handlung sowol in dieser als andern Gattungen, ungeachtet aller im Wege gelegten Hindernisse hieselbst merklich zugenommen.

Gegenwärtig fahren 65 hiesigen Einwohnern eigenthümlich zugehörige Schiffe von der Stadt ab, wovon jetzt einige wenige auf den Wallfisch- und Robbenfang, die übrigen aber theils nach Norwegen, theils nach der ost- west- und mittelländischen See, und nunmehro auch nach Westindien gehen können. Das erste Schiff, welches nach dem in dem 1779sten Jahre allermildreichst ertheilten Privilegio, für altonaische Rechnung nach den westindischen Inseln St. Thomas und St.
Jean

Jean abgegangen, hat der Herr Justizrath Conrad Matthiesen im Junimonat dieses Jahres mit einer ansehnlichen Ladung abgesandt, wohin von andern Interessenten ehestens mehrere folgen; und sodann mit guten Retourladungen hieselbst zurück erwartet werden.

Was die Schiffahrt und den Seehandel vermehret, ist der fürtreflische Schiffbau, wozu hieselbst 6 sehr bequeme Schiffszimmerwerfte vorhanden, auf welche, nach den bis jetzo erhaltenen Ruhm, keine besser erbaute Schiffe auf dem Elbstrome, vom Stapel gelassen werden. Es werden deren jährlich eine ziemliche Anzahl, sowohl für Einheimische als Ausländische, erbauet. Für altonaische Rechnung ist unter andern hieselbst am 3. Junii dieses Jahres ein sehr schönes Schiff vom Stapel gelaufen, welches den grossen Namen, Herzog Ferdinand von Braunschweig, erhielte; auch mit dem Portrait dieses Durchl. Fürstens, zur Ehre des Künstlers ganz vortreflich getroffen, gezieret war. Nach dem Berichte eines glaubwürdigen Mannes, ist im letzten Jahre für ein einziges dieser neuen Schiffe, alleine an Handwerker und Tagelöhner 25000 Mark ausgezahlet worden; kein Wunder also, daß viele hundert Familien von diesem Gewerbe leben; und daß mehr als zweyhundert Schiffszimmerleute oder Gesellen in der Stadt wohnhaft sind. Die vielen Holzsägereien und der damit verknüpfte Holzhandel vermehren das Gewerbe gleichfalls, immassen das Holz aus dem Brandenburgischen auf grossen Flössen hieher gebracht, und zu Balken, Bretter und Latten zerschnitten wird, wobei gleichfalls einige 100 Familien ihre Nahrung und Brod finden. Auch von dem Schiffbaue und der Schiffarth hängt der gute Absatz der Seile und Schifftauen ab, wie denn gleichfalls Ankerschmiede, Segelmacher und andere zum Schiffbau gehörige Handwerker, ihre gute Nahrung hieselbst haben.

Da öffentliche Jahrmärkte Handel und Wandel, auch Absatz der inländischen Manufacturwaaren befördern, so sind hier auch drei Krammärkte angeordnet, als 14 Tage vor Ostern, Montag nach Mariä Geburt oder medio Septembris, und Montags nach Nicolai oder im December. Und gleichwie von Michaelis bis Weihnachten auf der Gränze zwischen Altona und Hamburg fast ein beständiger Ochsenmarkt ist: so sollen vermöge einer königl. allerhöchsten Conceßion vom 9. Decembr. 1743 auch in Altona zwei Viehmärkte seyn, als der erste nach dem Barmstädter in drei Tagen, und der zweite nach Michaelis, welcher, was den Kauf und Verkauf der Pferde betrift, drei Tage, den Ochsenhandel aber belangend, so lange stehen soll, als Käufer und Verkäufer vorhanden sind.

Gute Handwerker sind in einer Stadt sehr nützlich, ob aber die Freiheit in diesem Stücke besser sei, als sich an gewisse Gesetze einer Zunft zu binden, läßt sich nur nach verschiedenen Absichten behaupten oder bestreiten. Wir haben hieselbst eine ansehnliche Menge von allerlei Gattung. Ihre Schicksale sind besonders gewesen. Nach dem schwedischen Brande haben Ihro Königl. Maj. alle geschlossene Aemter und Zünfte aufgehoben, [55] so daß ein jeder, der sich nur von zweien Meistern examiniren liesse, seine Profeßion hieselbst treiben kohnte. Nur das Barbier- Goldschmied- und Schlachteramt behielte die geschlossene Anzahl, und daher muß ein jeder, der in eines dieser Aemter sich begeben will, solchen Platz mit Gelde erkaufen. Es haben aber doch nachhero die mehresten Handwerker ordentliche Zünfte wieder bekommen, um

Jun

---

[55] Siehe das Königl. Privilegium de Ao. 1713 §. 5. in Sachwalter Schmids Geschichte p. 75.

Jungens zunftmäßig auslernen zu können, und weder Gesellen noch Meister annehmen zu dürfen, die nicht zunftmäßig gelernet haben: da dieses auch um so nöthiger war, als denen hier ausgelernten Gesellen das Reisen im Reiche würde seyn behindert worden. Was die beiden Beckerämter betrift; so soll, nach einem im Jahre 1774 ergangenen allergnädigsten königlichen Rescripte, die Anzahl der Becker in Zukunft auf 40 festgesetzet seyn, wobei denn beim Absterben eines Amtsbruders oder dessen Wittwe, wenn ein Sohn vorhanden, der die Profeßion sogleich fortsetzen kann, das Backhaus nicht als ausgestorben anzusehen, sondern von dem Sohne mit obrigkeitlicher Erlaubniß continuiret werden könne, widrigenfalls aber mit einem tüchtigen Subjecto besetzet werden solle, indem die Beckergerechtigkeiten hier in Altona nicht als eine res in commercio oder als ein Privilegium reale zu betrachten ist.

An Manufacturen fehlet es nicht, worunter die von Sammet und Seidenzeug, allerhand Wollzeug, als Sarsien, Calmank, Borat, Perkan und mehr andere dergleichen Stoffen, von Wollen und halb Seiden, seidene und andere Bänder, Gold- und Silber- auch andere Knöpfe, allerlei Sorten von Leder, welches besonders auf den Leipziger- und Braunschweiger- messen stark abgehet, Zucker, Seife, Cattundrucke- reien und Leinwebereien die fürnehmsten und wichtig- sten sind, auch zum Theil so beschaffen, daß sogar Kinder ihr Brod dabei verdienen können. Insbesondere werden die Lohgärbereien hier stark getrieben. Der Kornbranntewein, der hieselbst in starker Menge gemacht wird, findet vielen Absatz nach Dännemark und Norwegen hinein, wohin ganze Schiffsladungen, und weil er von hier kommt, zollfrei gehen.

Die Braunahrung ist sehr wichtig, das Bier oder auch, se bst das Schiffbier, ausserordentlich gut. Die Anzahl der Brauer ist noch zur Zeit auf zehn festgesetzt gewesen, ausser welchen keine neue Brauerei angeleget werden darf, und selbst zwei Meilen um die Statt herum sind die Anlegungen einiger Brauereien verbothen.

Das Wasser in der Elbe oder vielmehr die Fluth, steigt hieselbst gewöhnlichermassen alle zwölf Stunden 8 Fuß höher, als es zur ordentlichen Ebbezeit gewesen ist. Bei stürmischen Süd= und Nordwestwinden aber steigt sie wohl 12, 14, bis 16 Fuß höher. Bei Glückstadt steigt die Fluth dagegen schon 14, und zu Curhaven 18 Fuß, beides in gewöhnlicher Zeit und ohne daß es stürmisch sei; weiter hinauf, nämlich zum Zollenspicker, hört das Steigen der Fluth, besonders wenn es nicht stürmisch Wetter ist, dagegen schon völlig auf.

Sollte es nicht der Mühe werth seyn, daß man sich einig würde, hin und wieder an der ganzen westlichen Küste über das Wetter und Steigen der Fluth genaue Beobachtungen anzustellen, und diese sämtliche Journals der gelehrten Republik mitzutheilen?

Da es den mehresten meiner Leser nicht unangenehm seyn kann, so habe zum Beschluß bemerken wollen, daß sich in der beigehörigen Charte auf dem ottenser Kirchhofe unter einer derowegen hingepflanzten Linde auch das marmorne Grabmal der verstorbenen Ehegattinn des berühmten Dichters Klopstock befindet, das unter zwei kreuzweis stehenden Waizengarben noch mit folgender Inschrift gezieret ist:

Saat

Saat von Gott gesäet dem Tage der Garben zu reifen.

Margaretha Klopstock
erwartet da, wo der Tod nicht ist,
ihren Freund, ihren Geliebten, ihren Mann,
den sie so sehr liebt,
und von dem sie so sehr geliebt ward.
Aber hier aus diesem Grabe
wollen wir mit einander auferstehn,
du, mein Klopstock, und ich und unser Sohn,
den ich dir nicht gebähren konnte.

Betet den an,
der auch gestorben, begraben und auferstanden ist.

Sie ward gebohren den 16. März 1728, verheirathet den 10. Junius 1754, und starb den 28. November 1758. Ihr Sohn schlummert in ihrem Arme.

Verbesserungen
zur beiliegenden Stammtafel der Grafen von Hollstein-Schauenburg.

Bei Gerhard I. heisset es in Dankwerths Cron. pag. 182: „Gestorben Ao. 1281 und liegt zu Itzehoe „in dem Kloster, das er dahin transferiret und „mit Einkommen verbessert hat, begraben." Es bleibt also unausgemacht, ob Dankwerth oder Christiani recht hat.

Bei Johannes II. dritter Sohn, muß es heissen: Adolph VI. und nicht Adolph IV.

Bei Adolph des Jüngern, ältester Sohn, muß es heissen: Adolph VIII. und nicht Adolph IX.

Bei Otto II. muß es heissen: erlebte ferner den Tod Adolph VIII. und nicht Adolph IX.

Bei Otto II. einziger Sohn, muß es heissen: Adolph IX. und nicht Adolph X.

Bei Gerhard VI. zweiter Sohn, muß es heissen: Adolph X. und nicht Adolph VIII.

Ferner an Druckfehlern:
Pag. 38. Zeile 17 lies Treene statt Preene.
— 70. — 21 — 1746 statt 1747.
— 72. — 18 muß das Wort, jedesmal, ganz weggelassen werden.

www.ingramcontent.com/pod-product-compliance
Lightning Source LLC
Chambersburg PA
CBHW020831230426
43666CB00007B/1186